Roland Neuhaus

Wiehern, beißen, treten...

...Freude machen!

Heiteres und Bissiges von Pferden,

Reitern und anderen Viechern

Herstellung: Libri Books on Demand

ISBN 3-89811-046-X

Umschlaggestaltung: Roland Neuhaus

Titelgrafik: CorelDraw!® Clipart horsei
Markenzeichen gesetzlich geschützt

Für

Eleonore,

die

mich den Pferden,

und

Elfriede,

die

mir gute Bücher

nahebrachte.

Kommentare

..nach der anregenden und ungemein erheiternden Lektüre Ihres Buchmanuskriptes gibt es eigentlich nicht viel zu sagen: Ihre Geschichten und Anekdoten bieten vergnügliche Unterhaltung auf höchstem Niveau, gut pointiert, erfindungsreich und weitab vom Klamauk. Dabei gehört das humoristische Schreiben zu den schwierigsten Übungen...

Andrea Stangl, Lektorin

..vielen Dank, wir haben uns köstlich amüsiert!

Barbara Bärwolf, Freizeit im Sattel

..und warum gibt`s das noch nicht zu kaufen? Das ist doch das ideale Geschenk für jeden Reiter!

Petra, Reiterin

..sag` bloß, ich steh` da gar nicht drin? Ja, warum denn nicht? Du kannst doch über mein verrücktes Pferd ´was schreiben! Ich will da auch rein!

Heidi, Reiterin

..ich liebe dich!

Elly, Ehefrau

Inhalt

Pferde und wir

Pferde sind hochintelligente, sensible Tiere. In ihrer Treue zum Menschen kommen sie gleich nach dem Hund. Friedlich und freundlich tun sie genau das, was Ihr Besitzer von ihnen will.

So, oder zumindest so ähnlich, denken wohl die meisten pferdebegeisterten jungen Mädchen, bevor sie zum ersten Mal körperlichen Kontakt mit ihrem Lieblingstier haben. Jungen denken da etwas realistischer.

Ich denke, Pferde sind bösartige, beißende, schlagende Bestien, die - wie mir ein alter Kavallerieoffizier einmal sagte - „ihren Reiter am liebsten vor sich im Staub liegen sehen!“

Verstehen Sie mich recht - irgendwie liebe ich diese Tiere, trotz meiner Meinung über sie. (Sonst bekäme ich wahrscheinlich großen Ärger mit meiner, über alles geliebten, besseren Hälfte!)

Am liebsten habe ich sie (die Pferde), wenn sie sich in einem Abstand von ein bis zehn Kilometer von mir befinden oder als Salami. Manchmal gehe ich auch etwas näher an sie heran (an die Salami sowieso) und streichle über ihr weiches Fell (das, der Pferde!). Das haben Pferde gerne. Manchmal ist das Fell jedoch zentimeterdick mit nassem, oder auch betonhart angetrocknetem Schlamm bedeckt. Das haben Pferde auch gerne! Dann streichle ich sie nicht.

Im übrigen beschränkt sich mein Umgang mit den edlen Tieren auf das Errichten von Stallungen und Erneuern von eingetretenen Türen, ausgerissenen Dübeln, Schwerlastankern und zerschlagenen Holzbohlen in Pferdeboxen.

Während der Heu- und Stroherntezeit stemme ich auch schon mal täglich 150 - 400 Ballen, á 12 - 20 kg Gewicht, auf den Heuboden. Das hält fit, sagt meine Frau! Und da hat sie recht. Sie müßten einmal ihre Figur sehen! Pferdehaltung ersetzt das Fitnesscenter!

Pferdehaltung sichert auch Arbeitsplätze. Zum Beispiel den unseres Hausarztes. Waden- und Schienbeinbrüche, ausgerenkte Finger- und Schultergelenke, Bisswunden, (vornehmlich am Rücken) durchgerissene Lippen sowie nicht zuletzt, (dafür aber am häufigsten) Blutergüsse und Prellungen haben ihn zu einem Facharzt für die Behandlung von Pferdehaltern gemacht. Für die kostenlose Weiterbildung ist er uns sehr dankbar, was er auch schon durch die Überreichung von Gratisverbandsmull oder Kilopackungen von Heilsalbe gezeigt hat. Neunzig Prozent der aufgezählten Verletzungen hat sich meine Frau zugezogen.

Sie mag Pferde - am liebsten von ganz nahe!

*

Das erste Mal

Als ich zum ersten Mal auf ein Pferd stieg, war ich acht Jahre alt. Als das erste Mal ein Pferd auf mich trat, war ich zehn Minuten älter.

Nicht weit hinter dem Haus meiner Eltern pflügte ein Bauer sein Feld. Das heißt, pflügen tat eigentlich ein großes, schwarzes Pferd mit mächtigen Beinen.

Der Bauer hielt sich nur an zwei Griffen fest, die hinten am Pflug angebracht waren und ließ sich ziehen. Die meiste Zeit unterhielt sich der Bauer, in einer mir unverständlichen Sprache, mit dem Pferd. Damals dachte ich, einige englische oder lateinische Worte herauszuhören. Der Bauer rief in einem fort: „Wister.. wister.. hoot... elender Kreizbuk!.. elender!.. hoot!"

Das Pferd schien ihn jedoch prima zu verstehen, denn es antwortete mit einem lauten: „Wiiiaaah!"

Manchmal, wenn der Bauer eine Frage stellte, wie etwa: „Kannst denn net grod ziagn, Kreizbuk...elender...?!" blieb das Pferd stehen, um sich die Antwort erst einmal zu überlegen. Scheinbar konnte es nicht 'grod ziagn', denn es schüttelte heftig den Kopf. Dann begann die Unterhaltung von neuem: „Hüaahh...wister...hüaahh...hoot...himmel!.. Kreizbuk...mistiger!..hooot!!"

„Wiiaahh!"

Nach einiger Zeit wurde mir klar, dass 'Kreizbuk' wohl der Name des Pferdes war.

Als der Bauer etwa die Hälfte seines Feldes gepflügt hatte, ließ er das Pferd am Rand stehen und ging zu seinem Wagen, der auf dem Feldweg stand.

Vom Bock holte er ein Paket und öffnete es. Er nahm etwas heraus und biss hinein. Kräftig kauend ging er an das hintere Ende des Wagens und zog einen Sack herunter, den er dem Pferd um den Kopf schnallte, so dass das Maul in dem Sack war. Beide - Pferd und Bauer - kauten nun kräftig.

Ich war mittlerweile auf dem Weg bis an den Rand des Feldes gelaufen, stand schüchtern da und beobachtete die beiden.

Zwischen zwei Bissen fragte mich der Bauer: „Wem g`hörst denn du?“

In der ländlichen Gegend, in der ich aufwuchs, gehörten Kinder immer jemand. Aber eigentlich wollte er nur meinen Namen wissen. Ich antwortete:

„Ich bin der Roland Neuhaus.“

„Ach so“ sagte der Bauer und kaute weiter an seiner Stulle. Damals war es nicht üblich, dass sich ein Erwachsener einem Kind vorstellte, deswegen fragte ich:

„Und wie heißen Sie ?“

„Ich binner Färberschursch“ kam es unter lautem Kauen und Schmatzen zurück.

Danach schwiegen wir alle drei. Das heißt, das Pferd und der Färberschursch machten schon Geräusche, was aber keine Unterhaltung war, und ich war still.

Nachdem einige Zeit vergangen war, der Bauer sein Brot aufgegessen hatte und das Pferd schläfrig die Augen auf und zu machte, konnte ich nicht mehr an mich halten:

„Kann man auf so einem Pferd auch reiten?“

Er schaute mich erstaunt an. Dann überlegte er eine Weile. Ich dachte: Genau wie sein Kreizbuk!

„Kenna scho, aber ma muss net!“ Das klang nicht sehr einladend.

„Bitte, darf ich mich einmal draufsetzen?“ nahm ich einen zweiten Anlauf.

„Hm..“ und nochmal „hm..“, machte er und schaute erst sein Pferd, dann seine schwieligen Hände, dann mich an.

„Wenns`d ma hülfst as Pferd fiern, dann derfst amal!“

'As Pferd fiern hülfen' kann so schwer nicht sein, dachte ich und stimmte begeistert zu.

„Nao kumm,“ sagte er, während er sich erhob und auf das Pferd zuging „i hülf der naaf!“ Ich beeilte mich mit ihm Schritt zu halten.

Je näher wir dem Pferd kamen, desto größer schien es zu werden. Aus der Entfernung hatte es ausgesehen wie ein großes, schwarzes Pferd. Jetzt sah es aus wie ein riesengroßes, schwarzes Pferd und als wir davor standen, wie das Trojanische Pferd.

„Da würde ich ja hundertmal hinein passen“, ging es mir durch den Kopf; und als das Pferd plötzlich gähnte dachte ich, es könne mich ganz wirklich ohne Anstrengung auch verschlucken. Mit seinem linken Auge schaute mich das Pferd von oben herab fragend an.

Ich reichte ihm gerade bis dahin, wo sein Bein aufhörte und der Bauch anfing. Dabei stand ich auf einer Ackerscholle und das Pferd in einer Furche!

„So, nauf etz!“ rief der Bauer und grinste. Anscheinend hatte er bemerkt, wie mir zumute war.

„Etz steigst af mei Händ, unnao afn Strang. Vo durt schwingst di naaf!“

Mit dieser grundlegenden, theoretischen Reitausbildung versehen, machte ich mich an die Ausführung. Mein Herz schlug wie wild! Ich stieg mit dem linken Fuß auf seine Hand, mit dem rechten erreichte ich gerade den Strang der vom Kummet zum Pflug führte. Mit den Händen hielt ich mich am Kummet fest.

Irgendwie hatte ich das Gefühl etwas falsch zu machen, denn ich war ganz verdreht! Beide Hände am Kummet, das rechte Bein auf dem Strang, das linke in der Luft - und noch war das obere Ende des Pferdes nicht erreicht!

Blitzartig schoß mir eine Szene aus einem Luis-Trenker-Film durch den Kopf, wo er genau so in einer Bergwand hing. Er konnte sich durch das Einschlagen eines Hakens helfen. Abgesehen davon, dass Berge bei dieser Prozedur ruhig stehen bleiben, hatte ich auch keinen Haken dabei.

Irgendwie gelang es mir dann doch, meine Gliedmaßen zu entwirren und mich auf den Rücken des Pferdes zu schwingen. „Ah, geschafft!“ Das war ein Gefühl! Wie Winnetou auf Iltschi, kam ich mir vor. Wahrscheinlich sah ich eher aus wie Sancho Pansa. Denn Kreizbuks Rücken war so breit, dass meine Beine links und rechts in die Luft ragten.

„So, gemmas o!“ rief der Färberschursch und packte die Haltegriffe des Pfluges. „Hüah... gemma... hüaahh!“

Kreizbuk setzte sich in Bewegung und mich in Erstaunen!

Plötzlich schien die Welt ins Schwanken zu geraten. Ein Auf und Ab wie auf einem Schiff im Sturm! Krampfhaft hielt ich mich am Kummet fest und wagte nicht zu atmen.

„Hüah..gemma..gemma.. schneller a weng.. ausgrast is gnouch!“ Oh, oh! Worauf hatte ich mich da eingelassen?!

Die Geschwindigkeit nahm rapide zu. Der Rücken auf dem ich saß, veränderte ständig seine Form. Kaum hatte ich mich so hingesetzt, dass ich mich gerade noch halten konnte, macht das Pferd schon wieder einen Schritt und ich rutschte zur anderen Seite. Gottseidank machte es kurz darauf den nächsten Schritt und ich rutschte zurück. Als ich herausgefunden hatte, dass das alles in einem einigermaßen gleichmäßigen Rhythmus stattfand, ging es mir etwas besser.

Langsam begann mir die Sache Spaß zu machen! Nach der Hälfte der Feldlänge fühlte ich mich schon sehr sicher, nach zwei Dritteln war ich glücklich und am Ende der Furche angelangt, rief ich: „Schneller! Schneller!“ Leider mussten wir anhalten, um nicht die Straße umzupflügen, die hier verlief.

Nun musste ich absteigen und 'as Pferd fiern hülfen'. Der Färberschursch zeigte mir, wie ich den Kreizbuk, den er auf einmal Max nannte, wie ich also den Max am Halfter nehmen und führen sollte.

„Also, wister!“ meinte er. „Wiiister!“

„Äh?“

„Liiingss ummi!“ brüllte er. So zog ich also den Max mit der ganzen Kraft meines achtjährigen Körpers nach 'wister', woraufhin er mich mit der halben Kraft seines

Kopfes nach 'hott' schleuderte!

Da hing ich halb zwischen Pferd und Acker und wagte nicht loszulassen. Ich machte mich so schwer ich konnte, um meine Füße wieder auf die Erde zu bekommen. Es gelang. Etwas vorsichtiger geworden, rief ich: „Wiister!“ und siehe da - der brave Max ging linksherum, als ich ein bisschen am Halfter zog.

Schwitzend und stöhnend mühte sich der Färberschursch mit dem Pflug. Er hob und zerrte ihn aus der Erde und trug ihn hinter dem Pferd her, bis die Wende vollzogen war und er ihn in einer neuen Furche wieder ansetzen konnte.

Ich lief an der linken Seite des Pferdes und führte es mit der rechten Hand. Für mein Alter war ich schon recht groß, sodass es mir gerade gelang mit ausgestrecktem Arm das Halfter festzuhalten. Immer wenn Max seinen Kopf ein bisschen hob, lupfte es mich etwas vom Boden. Anfangs war das recht lustig, dann begannen meine Armmuskeln zu schmerzen.

Als er wieder einmal den Kopf hob, verpasste ich den Augenblick der Landung und setzte meinen rechten Fuß an die Stelle, wo er gleich darauf seinen linken stellte. Da ich nun nicht weiterging, blieb auch Max stehen.

Max stand auf der Stelle und bewegte kein Bein! Ich hüpfte auf der Stelle und bewegte ein Bein. Ich hüpfte, zog und zerrte, um meinen Fuß unter seinem Huf hervor zu bekommen.

Wegen des weichen Untergrundes tat es nicht sehr weh, doch hatte das Gewicht meinen rechten Fuß fast bis zur Wade in den Boden gedrückt. Jetzt bekam ich doch etwas

Angst und es tat auch schon ein bisschen weh. Endlich - endlich machte Max einen Schritt!

Ich zog meinen Fuß aus der Erde. Mein Gummistiefel blieb drin. Ich setzte mich erst einmal hin und hielt meinen Fuß fest. Etwas dick war er schon; auch eine bläuliche Verfärbung zeigte sich zart schimmernd unter der Haut.

Nun hatte auch der Färberschursch erkannt, dass etwas nicht stimmte und kam nach vorne um nachzusehen.

„Auweh! Isser dir naafgstiegn?"

Als er meinen Fuß begutachtet hatte, meint er: „Brochen is nix. Kannst aafdredn?"

Vorsichtig machte ich einen Schritt - es ging. Gemeinsam versuchten wir meinen Gummistiefel aus der feuchten Erde zu ziehen - es ging nicht. Erst als er es allein versuchte, ging es.

Skeptisch betrachtete er den Innendurchmesser meines Stiefels und meinen geschwollenen Fuß.

„Dao kummst nimmer nei! Wast wos: Etz gehst glei ham und sagst net wie des bassiert is! Nao derfst es nexte Mal widder reidn!"

Ich humpelte gleich nach Hause, den Stiefel in der Hand. Ich erzählte meinen Eltern nicht wie es passierte, doch ich suchte mir das nächste mal einen moderneren Bauern und lernte Traktorfahren. Bis zum 'nexten Mal widder reidn' vergingen achtzehn Jahre.

*

Die Ernährung

Pferde sind sehr genügsame Tiere. Sie fressen hauptsächlich Gras (roh oder getrocknet), Brot (nur getrocknet), Gemüse (natürlich roh) wegen der Vitamine, und viel Obst, auch wegen der Vitamine.

Manchmal, wenn ein Pferd etwas mehr leisten muss als nur zu fressen und zu schlafen, dann braucht es eine Portion Kraftfutter in Verbindung mit Mineralzusatzfutter.

Was daran genügsam sein soll? Nun, die Natur hat es so eingerichtet, dass von all diesen wunderbaren Nahrungsmitteln lediglich der kleinste Teil vom Pferd verbraucht wird. Der weitaus größte Teil verwandelt sich ganz automatisch in ökologisch wertvollen Biodünger. Da ausgewogene Futtermischungen verwendet werden, enthält der Dünger bereits alle, für ein gesundes Wachstum der Pflanzen notwendigen Bestandteile.

Praktischerweise kommt das Bettzeug der Pferde, die sogenannte 'Einstreu', gleich mit auf den großen Haufen. Pferde sind nämlich größtenteils Bettnässer. So gesehen, ist ein Pferd also eine rein biologische Düngemittelfabrik im Kleinen und macht den großen Herstellern von Kunstdünger ernsthaft Konkurrenz.

Es gibt große Pferde, kleine Pferde, schwarze, weiße und braune. Auch mehr- und andersfarbige Pferde und schwere sowie leichte. Es gibt jedoch eines nicht: satte Pferde! Pferde haben immer Hunger! Außer wenn sie schlafen, sind sie nur mit einem beschäftigt: Fressen!

Selbst wenn sich ein Reiter auf seinem Rücken befindet nutzt ein Pferd jede Gelegenheit, schnell einmal ein

Hälmchen zwischen die Zähne zu bekommen.

Es wurden auch schon Pferde beobachtet, die ihren Reiter abwarfen, nur um danach genüßlich grasend, in der Gegend herumzustehen!

*

Verhalten und Verdauung

Pferde sind Fluchttiere. Droht Gefahr, so laufen sie weg. Glauben sie es drohe Gefahr, so laufen sie weg. Wenn sie nicht weglaufen können, weil sie zum Beispiel in einer Box stehen oder gerade geführt oder geritten werden - dann droht dem Reiter Gefahr!

Durch ihre natürliche Evolution als Lauftiere mit vielen Beinen, haben sie die Möglichkeit an allen Ecken in verschiedene Richtungen zu treten und auszuschlagen. Da ein Pferd bekanntlich zwei vordere sowie zwei hintere, zwei linke und zwei rechte Beine hat, ist seine Gefährlichkeit (auch für den Laien) leicht einzusehen.

Übrigens befindet sich an jedem Bein ein sogenannter Huf, der täglich gekratzt und gereinigt werden sollte, um die Gefahr einer Blutvergiftung oder eines Wundstarrkrampfes zu vermeiden - natürlich für den Getretenen!

An seiner Vorderseite, genauer gesagt am Kopf, befindet sich der Eingang ins Pferd: das Maul. Um das Fressen in bekömmliche Teile zu zerlegen, ist das Maul mit zwei Reihen herrlich großer Zähne bestückt, die auch ständig länger werden. Manche Menschen wollen daran das Alter des Tieres erkennen können. Ich erkenne daran nur die ungefähre Größe der, zu erwartenden, Blutergüsse am Rücken!

Normalerweise nutzt das Pferd die Zähne zum Fressen, zur Sozialpflege in der Herde, zur Verteidigung oder um Menschen und Hunde zu beißen. Pferde haben große, schön ausgebildete Kau- und Kiefermuskeln. Man kann sie zu beiden Seiten des Kopfes deutlich sehen. Pferdefreaks glauben, das mache einen 'edlen Ausdruck' - mir macht es Angst!

An der Hinterseite des Pferdes befindet sich der Ausgang, verdeckt von der sogenannten Schweifrübe, an der wiederum der Schweif befestigt ist. Die beginnende Tätigkeit des Ausgangs wird von einem Anheben und leichtem, seitlichen Verdrehen der Schweifrübe angekündigt. Dies geschieht meist am Putzplatz, nach dem Satteln oder auf frisch gefegten Straßen innerorts. Wertvoller biologischer Rohstoff verläßt das Pferd.

Die runden Ballen (Rossballen, auch Pferdeäpfel genannt) bilden halbkugelförmige Haufen von dunkelbrauner Färbung und mittelfester Konsistenz. Sind sie flach und hellgrün und fast flüssig, hat das Pferd etwas Falsches gefressen und Bauchweh!

Die sinnvolle Anordnung des Maules vorne und des Ausgangs hinten, garantiert, dass das Futter auf dem Weg durch das Pferd alle Körperteile erreicht und mit Nährstoffen versorgt.

*

Pferde haben einen Charakter.

Dieser ist leider nicht so leicht auf den ersten Blick zu erkennen, wie der Körperbau. Manchmal glaube ich, ein Pferd versteckt seinen Charakter bis es einen Käufer gefunden hat. Doch selbst dann ist oft nicht eindeutig feststellbar, ob das Pferd nun einen schlechten Charakter oder einen schlechten Reiter hat. Hilfreich bei der Beurteilung des Charakters ist es, zu wissen was ein Charakter eigentlich ist.

Ganz einfach ausgedrückt, ist ein Charakter nichts anderes, als die Prägung bestimmter Reaktionen auf gegebene Situationen. Je einprägender diese Prägung erfolgt, desto ausgeprägter der Charakter. Je nachdem, ob die Prägung mit der Streichelhand oder der Peitsche erfolgte, reagiert das Pferd auf bestimmte Situationen.

Natürlich spielt auch die Konsequenz des Verhaltenstrainings und die Art der Belohnung eine Rolle. Da viele Pferde davon noch nie etwas gehört haben, entwickeln sie einen schlechten Charakter!

Wichtig ist auch, dass Pferde wenigstens in ihrer Fohlenzeit, artgerechtes Herdenleben erfahren können, um sich natürliche Verhaltensweisen anzueignen - sonst leidet der Charakter!

Besonders wichtig ist während der Jugendzeit des Pferdes, das Eingehen eines erfahrenen Pferdehalters auf die Bedürfnisse des jungen Tieres. Die ruhige, gelassene, aber doch bestimmte Art eines Menschen trägt sehr zur positiven Entwicklung des Pferdecharakters bei. Das Gegenteil bewirkt einen schlechten Charakter!

Sollte Ihnen also jemals ein Pferd begegnen, gehen Sie ruhig davon aus, dass es einen schlechten Charakter hat, da nur die wenigsten Pferde je das Glück hatten, alle notwendigen Voraussetzungen zur Entwicklung eines guten Charakters zu erleben!

*

Die Familie

Pferde leben ja bekanntlich in der freien Natur in sogenannten Herden. Das sind Familienverbände wie bei uns Menschen; nur größer und mit mehr Stuten.

Diese Herden werden nicht - wie irrtümlich immer behauptet - von einem Leithengst, sondern - wie bei uns Menschen - von einer Leitstute geführt. Der sogenannte Leithengst hält sich meist sehr zurück. Seine Hauptaufgabe ist die Sorge für genügend Nachwuchs und zu verhindern, dass andere Hengste seinen Stuten welchen machen. Dabei kann es schon einmal - wie bei uns Menschen - zu einer Keilerei mit anderen Hengsten oder unwilligen Stuten kommen.

Ansonsten überläßt der Leithengst alle wichtigen Aufgaben der Leitstute. Die Leitstute sorgt dafür, dass bei Gefahr alle Tiere der Herde in die gleiche Richtung weglaufen und, dass sie immer genug zu fressen bekommt.

Die Rangfolge in der Herde wird durch mehr oder weniger harmlose Beißer- und Schlägereien ermittelt, die meist glimpflich ausgehen, da es in der freien Natur keine Hufschmiede gibt. Die ermittelte Rangfolge wird von den Herdenmitgliedern in der Regel akzeptiert, weil es sonst gleich wieder was setzt!

Das sozial rangniedrigste Tier der Herde ist das, welches im Stall immer versucht den Hund zu beißen, da es kein anderes Pferd beißen darf. Sollten Sie einmal von diesem Tier gebissen worden sein, wäre es an der Zeit sich Gedanken über Ihre soziale Stellung zu machen!

In der Herdengemeinschaft wachsen die Fohlen in völliger Freiheit auf. Die wichtigsten Verhaltensweisen, wie Fressen und Weglaufen, sind ihnen angeboren. Die wichtigsten Fähigkeiten, wie (richtig!) fressen und weglaufen, auch. Den Rest lernen sie schnell von ihren großen Artgenossen.

So leben sie die erste Zeit, bis zum Eintritt in die Geschlechtsreife, unbeschwert und wohl auch glücklich. Die Sterberate bei Fohlen in der freien Wildbahn liegt, je nach klimatischen Verhältnissen und Raubtierbestand, bei ca. 20 - 40 %. Sollten Sie in Ihrem Stall diese Quote erreichen, so machen Sie etwas falsch!

*

Reiter haben einen Charakter

Dieser ist leider nicht so leicht auf den ersten Blick zu erkennen wie... (blättern Sie zurück zu Seite 19, streichen Sie 'Pferd', setzen Sie 'Reiter'.

Manche Reiter und ihre Pferde haben den gleichen Charakter, andere ergänzen sich und passen gut zusammen.

*

Das Glück der Erde

Schöne Frauen, edle Pferde, sie zu haben - das ist teuer. Sollst Du wählen zwischen beiden, nimm die Pferde - sie sind treuer !

Dieses kleine Gedicht steht auf einem Schlüsselbrettchen, das meine Frau mit in die Ehe brachte. (Sie brachte natürlich noch mehr mit, hauptsächlich Pferde!)

Nun habe ich in den Jahren unsere Ehe schon viele Pferde in unserem Reitstall kommen und gehen sehen, aber von Treue war da keine Spur! Kaum hatten sie den Besitzer gewechselt, hatten sie den Vorgänger schon vergessen. Jetzt frage ich mich natürlich, wie treu die Frauen dann erst sind?

Das Glück der Pferde ist der Reiter auf der Erde!

Dieser Satz steht auf einem Schlüsselbrettchen, das ich mit in die Ehe brachte. (Ich brachte natürlich noch mehr mit, aber keine Pferde!)

Zu meinem Bedauern muss ich gestehen, dass ich auf diese Weise noch kein Pferd glücklich gemacht habe. Wann immer ich in eine Situation kam, in der die Gefahr bestand abgeworfen zu werden, entwickelte ich in meiner Todesangst Riesenkräfte. Einmal hätte ich beinahe unser bestes Pferd erwürgt - so fest habe ich seinen Hals umklammert!

Zugegebenermaßen stammte meine ganze Reiterfahrung anfangs nur aus der Geschichte mit Kreizbuk und dem Färberschursch, doch ich lernte schnell.

Achtzehn Jahre waren vergangen, seit ich das letzte Mal auf einem Pferd saß. Nun wollte ich meine Reitkenntnisse auffrischen, besser gesagt: Ich wollte richtig reiten lernen. Dazu begab ich mich in einen Reitstall.

Den Besitzer hatte ich kurze Zeit vorher kennengelernt und er hatte mir erzählt, seine Tochter erteile Reitunterricht. Ich nahm also meinen ganzen Mut zusammen und machte mich auf den Weg.

Im Reitstall fragte ich nach Eleonore - so hieß die Tochter des Besitzers - und man brachte mich zu ihr.

Nach kurzer Begrüßung besprachen wir, wie meine Reitausbildung ablaufen solle. Danach führte mich Eleonore durch den Stall und machte mich mit den Pferden bekannt.

Ich streichelte tapfer jedes Tier am Hals und ließ mich beschnuppern. Irgendwie kamen mir die Pferde so klein vor! Ich hatte immer noch die Erinnerung an mein erstes Erlebnis mit Kreizbuk deutlich vor Augen - und der war ja damals viel größer! Wahrscheinlich lag es aber daran, dass ich zu der Zeit noch viel kleiner war und an der Perspektive.

Schließlich standen wir vor der Box 'meines' Pferdes. Es war eine Shagya-Araberstute die auf den Namen Buika hörte. Was der Name bedeutete war mir nicht bekannt und so hatte ich auch keinen Grund etwas zu befürchten. Ich holte sie aus ihrer Box, putzte sie und reinigte ihre Hufe. Danach wurden die Hufe noch mit Huffett eingerieben und das Satteln konnte beginnen.

Eleonore zeigte mir wie man einen Sattel richtig auflegt, damit keine Druckstellen entstehen (auf dem Pferderücken) und der Sattel - und dann der Reiter darin - richtig sitzt. Dazu sei es wichtig, erklärte sie, dass der Sattel- oder auch Bauchgurt richtig angezogen wird. Ich zog also den Sattelgurt so fest ich konnte und schnallte ihn zu.

Eleonore lächelte. Sie öffnete die Gurtschnalle und zog den Gurt - scheinbar mühelos - noch zwei Löcher enger. Dabei wurde der Pferdebauch deutlich dünner und Buika atmete hörbar aus.

„Du musst aufpassen, dass sie richtig ausatmet. Unsere Buika hat nämlich die Angewohnheit sich voll Luft zu pumpen, damit nachher der Gurt schön locker sitzt.“ erklärte Eleonore und begann das Stallhalfter gegen das Zaumzeug auszutauschen. Dabei beschrieb sie, worauf beim Aufzäumen zu achten sei und wie die einzelnen Teile des Zaumzeugs genannt würden.

Ich muss gestehen, ich war etwas aufgeregt und so konnte ich nicht gleich alles behalten. Ich weiß nur noch, dass der Stirnriemen zwischen den Ohren und den Augen und die Gebissstange nicht unter der Zunge des Pferdes zu liegen kommen sollten. Oder nicht darüber? Na, egal! Jedenfalls sollte ich nun aufsteigen und probesitzen.

Als ich das letztemal auf ein Pferd stieg, brauchte ich noch die tatkräftige Hilfe des Färberschurschs; dieses Mal wollte ich es alleine schaffen. Schließlich war ich jetzt ein erwachsener Mann!

Also, den linken Fuß in den linken Steigbügel und mit dem rechten Fuß kräftig vom Boden abstoßen, wobei sich die linke Hand am Sattel festhält. Und siehe da: Ich erreichte auf Anhieb - die halbe Pferdehöhe!

„Gar nicht so einfach!“ dachte ich und machte einen neuen Versuch. Als ich merkte, dass ich mein rechtes Bein wieder nicht über den Sattel bekommen würde, legte ich mich mit dem Bauch darauf und wollte mein Bein nachziehen. Dabei verlor ich den Halt im Steigbügel und rutschte an der rechten Seite des Pferdes wieder hinab.

In der Zwischenzeit hatten sich einige Kinder eingefunden, die mein Tun fachmännisch kommentierten. „Der kommt da nie rauf!“ meinte ein etwa zehnjähriges Mädchen mit blondem Pferdeschwanz.

„Doch, der schafft das schon, wenn er noch eine Woche übt!“ erwiderte ein etwas größerer Junge. Eleonore, die Buika die ganze Zeit am Zaumzeug gehalten hatte, gab dem Mädchen die Zügel in die Hand.

„Pass auf, David!“ sagte das Mädchen zu dem Jungen, „Jetzt hebt sie ihn gleich auf's Pferd!“ Und tatsächlich hielt mir Eleonore die Hand auf Steigbügelhöhe hin und meinte: „Na komm schon, es geht ganz leicht!“

Ich hob meinen linken Fuß und sie packte zu. Ein Ruck und ein Gefühl wie im Lift. Es ging nach oben! Ich schwang mein rechtes Bein über den Pferderücken und saß im Sattel. Etwas verwundert betrachtete ich meine gertenschlanke Helferin. (Ich wog zu dieser Zeit gut und gerne 85 Kilogramm!) Sie lächelte mir zu und David lachte: „Tja, die Elly!“

So saß ich nun zum zweiten Mal in meinem Leben auf einem Pferd. Elly gab mir noch einige gute Ratschläge und David die Zügel in die Hand.

„Führ`die Buika bitte schön langsam über den Rundweg und sei vorsichtig bei der Brücke.“ sagte sie zu ihm. „Bis später! Und viel Spaß!“

Sie winkte mir zu und ging in den Stall.

David führte Buika aus dem Hof auf die Straße und bog nach einigen Metern links ab in einen Feldweg. Wir gingen schön langsam im Schritt; das heißt, Buika ging im Schritt und David machte etwas mehr Schritte und ich saß nur da und hielt mich am Sattel fest.

Es war fast das gleiche Gefühl wie beim ersten Mal. Zuerst etwas unbehaglich, dann - nach einigen Minuten der Gewöhnung - das Hineinfinden in den Rhythmus und noch etwas später fand ich Gefallen daran. Das einzige was mich störte, war die Tatsache, dass ich die Zügel nicht in der Hand hatte.

Plötzlich und völlig unerwartet gab es einen Ruck! Das Pferd stieß einen Laut aus, der an Karatekampf erinnerte und warf seinen Körper in die Höhe! Beinahe hätte ich den Halt verloren und wäre heruntergefallen. Erschrocken rief ich David zu : „Warum bockt sie denn so?“ Er lachte und meinte: „Die bockt nicht, die hat nur gehustet.“

Etwas verunsichert hielt ich mich nun ganz, ganz fest und zeigte Gelassenheit: „Ach so!“

Wir näherten uns nun einer Brücke, die über einen kleinen Bach führte, an dessen Ufern Weiden und Eschen standen. Ihr frisches, grünes Laub bewegte sich im Wind und raschelte. Bei jedem Windhauch bewegte es sich und raschelte wieder. Und da es an diesem Tage sehr windig war, raschelte das Laub ständig und war in dauernder Bewegung.

Links und rechts der Brücke standen die Bäume so dicht, dass ihre Äste und Zweige in den Weg hingen. David begann mit Buika zu sprechen: „So, mein Mädchen, ganz ruhig! Immer weiter. Gaaanz ruhig! So ist´s brav..!“

Mir wurde etwas mulmig. Als wir noch etwa fünf Meter von der Brücke entfernt waren, fuhr ein kräftiger Windstoß durch das Geäst der Bäume. Die Zweige schwangen heftig hin und her. Da brach ein Erdbeben aus! Ich schoß nach oben und gleich darauf wieder hinunter!

Plötzlich lief Buika - wie mir schien - auf zwei Beinen rückwärts und David hing, wie ein Glöckner am Seil, an den Zügeln. „Festhalten!“ schrie es in mir! „Nur festhalten - egal was passiert!“

Ich klammerte mich mit aller Kraft an den Sattel und verriegelte meine Gelenke.

„Hustet sie wieder?“ fragte ich David. Er gab mir keine

Antwort, sondern zog mit aller Kraft an den Zügeln, bis er den Kopf des Pferdes wieder auf Normalhöhe hatte.

Buika tänzelte unruhig auf der Stelle und wollte nicht weiter. „Na, komm schon Buika. Sei ein liebes Mädchen.“ schmeichelte David. Wenn ich eine Hand freigehabt hätte, hätte ich ihr ja zur Beruhigung über den Hals streichen können, aber ich brauchte beide Hände um mich am Sattel festzuhalten. Endlich beruhigte sie sich und ließ sich ganz langsam über die Brücke führen.

Nach und nach verlor sich meine Anspannung und ich begann den Ritt wieder zu genießen. Um David nicht abzulenken, weil der sich die meiste Zeit mit Buika unterhielt, sprach ich ihn nicht mehr an, sondern blieb still auf dem Pferd sitzen.

Der Rundweg folgte noch eine Weile dem Lauf des Baches und lief dann in engem Bogen wieder zurück zur Straße. Wir mussten keine Brücke mehr überqueren.

Kurz vor dem Eingangstor zum Reitstall meinte David, ich könne absitzen, wenn ich wolle und Buika hineinführen. Irgendwie war ich schon froh, auf eigenen Beinen durchs Tor zu gehen! Ich stieg also ab, blieb mit dem linken Fuß im Steigbügel hängen und setzte mich auf den Hosenboden. David war für sein Alter ein echter Gentleman! Er lachte erst, als auch ich damit anfing.

Glücklicherweise hatte er Buika nicht losgelassen, sondern festgehalten. Er kam an die Seite und befreite meinen Fuß. Ich stand auf und nahm die Zügel in die rechte Hand. Mit der linken streichelte ich Buikas Hals: „Braves Mädchen!“

Ich führte sie in den Hof, wo Elly und einige Kinder

schon auf uns warteten.

„Na, wie war der erste Ausritt?“ fragte mich Elly lächelnd. Ich erzählte ihr die Sache mit dem Bocken und Scheuen.

„Sag mal“, wollte ich wissen „warum hast Du mir denn ausgerechnet so ein wildes Pferd gegeben?“

„War´s wirklich so schlimm?“ fragte sie David.

„Ach wo! Sie hat nur einmal gehustet und an der Brücke hat sie ein bisschen gescheut.“

Elly lachte: „Weißt Du, Buika ist unser ältestes Pferd. Sie ist 19 Jahre alt, und auf einem Auge ganz, und auf dem anderen halb blind. Deshalb erschrickt sie manchmal bei Geräuschen und dreht dann den Kopf, um zu sehen was da ist. Ansonsten ist sie lammfromm und wir lassen sogar Kinder in der Koppel auf ihr reiten!“

*

Pferdehändler

Weil die wenigsten Leute Zeit und Lust haben, sich ein Pferd in freier Wildbahn einzufangen und zuzureiten oder zu ängstlich sind, es sich aus einem anderen Stall zu stehlen, muss es Pferdehändler geben. Pferdehändler kann man in zwei Gruppen einteilen:

1. reiche 2. ehrliche. Da ich noch nie einen Pferdehändler getroffen habe, der von sich sagte er sei reich, kann man davon ausgehen, dass die zweite Gruppe

überwiegt!

Pferdehändler kaufen Pferde. Meistens viel zu teuer. Sie füttern sie lange Zeit in ihrem komfortablen Stall mit hochwertigsten Futtermitteln und verkaufen sie billig an den neuen Besitzer.

Von dem Verlust, den sie dabei erleiden, leben sie. Wie das funktioniert, ist nicht so einfach zu erklären. Es hat etwas mit Steuern und positiver Lebenseinstellung zu tun!

Mehr über Pferdehändler zu sagen erübrigt sich, da Sie Ihre Erfahrungen - unvoreingenommen - selbst machen sollten und ich Schadenersatzklagen vermeiden will.

*

Tierärzte

Die enorme Vielfalt der hunderte von Einzelteilen und Organen aus denen sich selbst das durchschnittliche Freizeitpferd zusammensetzt, bedingt die Möglichkeit einer Funktionsstörung im Zusammenspiel der Komponenten - das Pferd ist krank!

Bei leichteren Fällen und erfahrenen Pferdehaltern kann auf die Hinzuziehung eines Tierarztes meistens verzichtet werden. Sollten jedoch die geringsten Zweifel an der Diagnose oder dem Zustand des Tieres bestehen, so empfiehlt sich dringend die Konsultation eines Fachmannes bzw. einer Fachfrau!

Um sich Tierarzt oder Tierärztin nennen zu dürfen,

müssen lange Studienzeiten, viel Wissen und praktische Erfahrung angesammelt werden. Prüfungen und Examen zur Erfolgskontrolle, runden das Verfahren ab. Haben Sie also ruhig Vertrauen zu Ihrem Tierarzt!

Die meisten von ihnen sind gut. Einige sind sehr gut und einige, ganz wenige, sind Spitzenkönner auf ihrem Gebiet. Und allen gemeinsam ist: sie wollen immer das Beste für das Tier und - von seinem Besitzer!

*

Reiter und Ausrüstung

Menschen die irrsinnig genug sind, sich auf den Rücken eines Tieres zu setzen, nennt man Reiter; die meisten Tiere auf denen geritten wird, nennt man Pferd. Manchmal sind auch Esel darunter!

Viele Reiter glauben, sie könnten reiten. Einige behaupten es. Manche Reiter sagen: „Ein guter Reiter muss vom Pferd gefallen sein!“

Vielleicht glauben sie deshalb, sie seien gute Reiter?

Allen Reitern gemeinsam ist die Liebe zum Tier - solange es dumm genug ist, sie aufsitzen zu lassen. Sie sollten einmal beobachten, wie liebevoll ein Reiter mit seinem Tier umgeht, das ihn nicht aufsteigen läßt!

Reiter tragen Stiefel zum Schutz der empfindlichen Füße und manchmal Sporen. Wovor Sporen schützen sollen, ist mir immer noch ein Rätsel.

Bei der restlichen Reitkleidung gehen die Meinungen etwas auseinander. Für Freizeitreiter wird Freizeitkleidung, meist Jeans, Hemd und Jacke, bei Turnierreitern Reithose, Weißhemd und Sakko, für passend erachtet. Selten einmal sieht man Militaryreiter im Kampfanzug.

Selbstverständlich sollte immer ein Helm oder ein Hut mit Schutzeinsatz beim Reiten getragen werden. Und zwar auf dem Kopf! Es ist zwar angenehm, wenn die Thermosflasche in der Satteltasche bei einem Sturz nicht kaputtgeht, weil der Helm darüber geschnallt war - aber ob Sie mit einem Schädelbruch noch viel Wert auf heißen Tee mit Rum legen?

Neben der Kleidung des Reiters kommt seiner Ausrüstung die größte Wichtigkeit zu. Unbedingt erforderlich, scheint eine Reitgerte zu sein. Ob sie zum Einsatz kommt oder nicht - sie verleiht dem Reiter eine Ausstrahlung entschlossener Haltung!

Manche Reiter benutzen die Gerte an der Hinterseite ihres Pferdes, um es nach vorne zu bewegen und an der Vorderseite, wenn es dann zu schnell läuft.

Majestätisch ist auch der Anblick eines mit der Gerte grüßenden Reiters. Die Gerte leicht erhoben, an den Rand des Helmes tippend - das ist ein schönes Bild!

Immer mehr Mitmenschen finden Reiter gar nicht überheblich und tolerieren diesen schönen Sport.

*

Pflege

Das samtglänzende Fell eines Pferdes ist der ganze Stolz seines Reiters. Das Wälzen in knöcheltiefem Schlamm ist das größte Vergnügen des Pferdes!

Um eine einigermaßen friedliche Koexistenz von Pferd und Reiter zu ermöglichen, muss entweder das Vergnügen des Pferdes eingeschränkt, oder die Anstrengung des Reiters vergrößert werden. Da die meisten Reiter - wie schon erwähnt - sehr tierlieb sind, nehmen sie die zusätzliche Arbeit des Putzens gerne in Kauf.

Während der Sommermonate ist es recht einfach, ein Pferd mittels Wasserschlauch und Bürste oder Schwamm, von seiner Sch(m)utzschicht zu befreien.

In der kalten Jahreszeit ergeben sich jedoch manche Schwierigkeiten. Da die Zuhilfenahme von Waschwasser neben dem Schmutz auch die Widerstandskraft des Tieres aufweichen würde, muss der oft zentimeterdick angeklebte Dreck in trockenem Zustand entfernt werden. Dazu empfiehlt sich die Anwendung einiger, leicht erlernbarer Tricks oder eines Bosch-Hammers. Hilfreich wäre auch eine Reitbeteiligung, die immer vor Ihnen ausreitet!

*

Der Pferdeschwanz

Der Pferdeschwanz heißt Schweif, wenn er sich am Pferd, und Pferdeschwanz, wenn er sich an einer Reiterin befindet.

Er wird oft gekämmt und gebürstet, mit bunten Bändchen verziert und kunstvoll geflochten. Wird die Pflege des Pferdeschwanzes vernachlässigt, sieht er bei Pferd und Reiterin gleichermaßen schäbig aus.

Die Pflege des Schweifes und des Pferdeschwanzes ist meist Frauensache. Besonders an ihren Pferdeschwanz lassen Mädchen - in der Regel - Männerhände nur ungern.

Diese in Kindergarten und Schule erworbene Abneigung findet sich häufig noch im Erwachsenenalter!

Gepflegte Schweife und Pferdeschwänze werden bei Pferden und Frauen meist bewundert, wohingegen der männliche Träger von Solchen oft komisch angesehen wird!

*

Die Reitstunde

Eine Reitstunde dauert nur 45 Minuten. Dies ermöglicht es dem Reitlehrer, wenn er möchte, am Tag 32 Stunden zu arbeiten. Dem Reitschüler ermöglicht es das Überleben der ersten Reitstunden!

*

Liebling, wir kriegen ein neues Pferd!

Wer diesen Satz, in aller Unschuld und meist freudig ausgesprochen, noch nicht öfter als dreimal gehört hat, kann nicht nachempfinden was er für mich bedeutet.

Meine erste Reaktion ist die Frage: „Wann?“

Die Antwort ist meistens: „Nächstes Wochenende.“ oder: „Übermorgen.“

„Haben wir denn noch eine Box frei?“

„Nein, mein Schatz, wir müßten schnell noch eine bauen.“

Selten liegt der Termin weiter als drei Wochen in der Zukunft. In diesem Fall lehne ich mich beruhigt zurück und tue erst einmal gar nichts.

Der Bau von Pferdeboxen - egal ob Innen- oder Außenboxen - ist im Prinzip eine einfache Sache:

Man kennt die ungefähre Größe des einzustellenden Pferdes, errechnet daraus den Platz-, Licht- und Luftbedarf des Tieres, erstellt in Gedanken den Grundriss sowie den Materialplan der Box, berechnet die Statik der Tragwände und des Daches (maximal zu erwartende Schneelast und Winddruck zugrunde legen), schätzt die größtmögliche Auftreffwucht des Pferdehufes pro Quadratzentimeter, ermittelt die entsprechende Bohlenstärke, besorgt das Material und drückt seiner Frau Hammer, Motorsäge und Spaten in die Hand.

Nicht, dass ich etwa zu faul wäre, mit Hand anzulegen - nein, nein! Ich bin nur mit der Bauleitung so ausgelastet, dass mir meistens keine Zeit dazu bleibt. Außerdem ist meine Elly handwerklich wesentlich geschickter als ich und hat im Boxenbau die größeren Erfahrungen!

Nehmen wir zum Beispiel die Errichtung einer Außenbox: Bis ich mit Hilfe eines Maßbandes und des pythagoräischen Lehrsatzes eine rechtwinklige Grundrissschablone erstellen würde, hat Elly meist schon die tragenden Wände gezimmert. Und sie stehen auch immer in einem Winkel zueinander!

Lediglich die Konstruktion und Ausführung des Daches bleibt generell mir vorbehalten, da es mir unerträglich wäre, meine Frau der Gefahr herunterzufallen auszusetzen. Außerdem - wer würde dann die Pferde versorgen?!

Da ich nicht ganz schwindelfrei bin (ab einer Höhe von 1,5 Metern bekomme ich Zustände!) gehe ich bei den Arbeiten auf dem Dach sehr behutsam vor. In kniender, manchmal auch liegender Stellung befestige ich die einzelnen Bauteile wie Sparren, Dachlatten oder Deckplatten und achte darauf, immer mit wenigstens zwei Händen einen sicheren Halt zu haben. Natürlich geht dadurch die Arbeit etwas langsamer - aber ich bin noch nie vom Dach gefallen!

So richtig unangenehm wird es, wenn zwischen Ankündigung und Ankunft des Pferdes weniger als 48 Stunden liegen und das Wetter schlecht ist. Schlechtes Wetter heißt: Temperaturen unter minus 10 Grad, Niederschläge größer als 100 mm/qm oder Nebel mit Sichtweiten unter dem Abstand vom Auge zur ausgestreckten Hand. In diesem Fall hilft nur der totale Einsatz aller verfügbaren Mittel - ohne Rücksicht auf etwaige Verluste!

Manchmal glaube ich Pferde bevorzugen solche Wetterlagen für ihre Reisen und Umzüge, denn acht von zehn Boxen haben wir unter solchen Bedingungen errichtet.

Eines morgens als wieder einmal der Zeitpunkt unerbittlich näher rückte zu dem das Pferd eintreffen sollte, war eine Verschiebung des Baubeginns nicht mehr möglich, sollte die Box noch rechtzeitig fertig werden. Am Vortag hatte ich noch - mit dem Hinweis auf vielleicht besser werdendes Wetter - jegliche Aktivität vermeiden können. Jetzt musste etwas getan werden. Es regnete in Strömen! Die Temperatur lag bei ca. 8 Grad Celsius und es ging um den Bau einer Außenbox.

Entsprechend der Witterung legte ich meine Arbeitskleidung bereit. Wer schon einmal beobachtet hat wie ein Astronaut von drei Helfern in seinem Raumanzug verstaut wird, kann in etwa nachvollziehen welche Anstrengungen das Einkleiden für mich allein - ohne fremde Hilfe - bedeutete.

Zuunterst legte ich meine nagelneue Skiunterwäsche - atmungsaktiv und einseitig wasserabweisend - darüber einen Thermo-Overall an. Um das gute Stück vor Schmutz und Beschädigung zu schützen, kamen noch eine dicke Jeans, ein Pullover und eine Arbeitsjacke darüber. Ein alter, ausgeleierter Cowboyhut sicherte mich gegen Nässe von oben. Zwei Socken, zwei Wollstrümpfe und ein Paar Rosshaarüberzieher sollten meine Füße in den Schnürstiefeln schön warm halten.

Als ich nun fertig eingekleidet, kurz vor Beginn der

Frühstückspause, die Wohnung verließ, fühlte ich mich für das Kommende gut gerüstet; nur das Treppensteigen machte mir etwas Schwierigkeiten, da ich meine Knie nicht richtig abwinkeln konnte.

Im Hof erwartete mich bereits meine Frau mit allen verfügbaren Werkzeugen und energischem Blick.

Unsere Pferdeboxen standen an einem leichten Südhang mit etwa 10° Gefälle auf unbefestigtem Untergrund. Durch die Boxengasse sprudelte munter ein kleiner Bach. Er sprudelte dort nicht immer, nur wenn es länger als drei Stunden regnete.

Nun war es nicht so, dass wir das sehr romantisch fanden und deshalb diesen Zustand beließen, sondern die Baugenehmigung für unseren 'richtigen' Stall ließ auf sich warten, und wir hatten um die Zeit zu überbrücken, einige Provisorien neben der geplanten Baustelle errichtet. Daraus entwickelte sich im Laufe der Monate eine richtige kleine Anlage mit 10 Boxen.

Pferde vermehren sich manchmal auf erschreckende Weise!

Wir nahmen die Werkzeuge auf und wateten zur letzten Box in der Reihe. Hier wollten wir das neue Pferdeheim anbauen. Es regnete immer noch in Strömen. Die Temperatur war auf etwa 9° Celsius gestiegen und ich schwitzte fürchterlich!

Um uns die Arbeit zu erleichtern, hatten wir ein 'Endlossystem' für den Boxenbau entwickelt, das es uns ermöglichte eine Box an die andere zu bauen und dabei immer die gleiche Menge Material und den gleichen

Arbeitsablauf zu verwenden.

Zuunterst legten wir Mauerblöcke von 30 x 24 x 24 cm als schwimmendes Fundament in den knöcheltiefen Schlamm. Darauf wurden die tragenden Säulen der Außenwände in Form von Rundhölzern mit etwa 15cm Durchmesser gestellt.

Bei der Ablängung der Säulen war zu beachten, dass durch das Gewicht der fertigen Wände und des Daches, die Fundamentblöcke noch bis zu 5cm tiefer in den weichen Untergrund gedrückt werden würden. Deshalb mussten wir sie entsprechend länger lassen.

Die Dachneigung war durch die Hanglage bereits vorgegeben, nur die Unebenheiten des Geländes mussten wir bei der Berechnung noch ausgleichen. Seltsamerweise betrug die Abweichung der Dachneigung nie mehr als einige wenige Grad.

Auf die stehenden Säulen legten wir die sogenannten Pfetten, ebenfalls runde Querhölzer. Damit die Ständer nicht umfallen konnten, musste sie meine Frau festhalten, bis ich die Pfetten montiert hatte. Die Ständer waren im Abstand von etwa 1,5m errichtet. Dieses Maß entsprang keiner statischen Berechnung sondern war der größtmögliche Abstand, bei dem Elly noch zwei Säulen festhalten konnte, ohne einen Spagat zu machen. Auch so war die artistische Leistung beachtlich!

Weil die Säulen senkrecht und parallel stehen mussten, war Elly gezwungen ihren Stand in die jeweilige Richtung zu verlagern und dabei auch noch schön festzuhalten. Es sah manchmal richtig lustig aus!

Trotzdem beeilte ich mich mit der Arbeit um ihr unnötige

Anstrengung zu ersparen.

Schließlich war die Vorder- und Rückseite des Traggerüstes aufgestellt. Nun mussten die beiden Teile stabil miteinander verbunden werden, damit sie nicht umfallen konnten. Dazu nagelte ich links und rechts je eine Dachlatte als Sparren über die Pfetten.

Jetzt war die Form der Box schon richtig dreidimensional zu erkennen. Diagonale Verstrebungen - ebenfalls Dachlatten - verstärkten die Standsicherheit des Gestells.

Mittlerweile war es Mittag geworden und es regnete immer noch. Natürlich wäre es schön gewesen, jetzt eine kleine Pause einzulegen um etwas zu essen, doch der Zeitpunkt der Ankunft des neuen Pferdes rückte unerbittlich näher! So ging die Arbeit ohne Unterbrechung weiter.

Wir installierten die Mittelpfosten und danach machte ich mich an die Konstruktion des Daches.

Ich hatte errechnet, dass eine Dachlatte - 30 x 50 mm - hochkant gestellt, auf einer Länge von 1,7 m freitragend, eine Last von 22 kg aushielt, ohne sich nennenswert zu verbiegen. Die Praxis zeigte, dass es noch viel mehr war.

So verzichtete ich beim Bau des Daches auf kostspielige Balken und verwendete besagte Dachlatten als Sparren. Das Ganze sah auch wesentlich graziler aus. Mein Schwager, von Beruf Zimmermann, war jedesmal aufs neue fasziniert, wenn er uns besuchte - besonders als im Winter einmal fast dreißig Zentimeter Schnee auf dem Dach lagen!

Nachdem die Sparren aufgenagelt waren, kam der

schwierigste Teil. Bis dahin hatte ich alle Tätigkeiten auf einer Leiter stehend, einigermaßen leicht ausführen können. Nun musste ich auf das Dach. Es regnete immer noch in Strömen und der Bach zwischen den Pferdeboxen sprudelte munter vor sich hin.

Meine Höhenangst überwindend, stieg ich auf die oberste Sprosse der Leiter und schob mich vorsichtig mit den Knien auf ein Brett, das ich über die Sparren gelegt hatte. Mehrere solcher Bretter mussten nun quer über die Sparren genagelt werden um als Unterlage für die Faserbetonwellplatten zu dienen, die die Dachhaut bilden sollten.

Elly reichte mir auf Zuruf jeweils ein Brett und ich legte es in Position und nagelte es fest. Durch den Regen waren die Bretter schön glitschig geworden und ich konnte sehr leicht auf ihnen hin und her rutschen. Da ich am unteren Dachrand mit der Arbeit begonnen hatte, ging es vor mir bergauf und hinter mir bergab. Manchmal rutschte ich deshalb - dem Zuge der Schwerkraft folgend - nach unten und blieb zwischen den Brettern in halb liegender Position hängen. Die Abstände waren so berechnet, dass mein Leibesumfang ein Durchfallen verhinderte und somit konnte ich sicher arbeiten. (Bitte glauben Sie jetzt nicht, ich sei sehr dick, ich hatte nur die Abstände ziemlich klein gewählt.)

Nachdem alle Bretter befestigt waren, begann der gefährliche Teil der Arbeit. Um die Dachplatten sauber auszurichten, musste ich stehend freihändig auf den glitschigen Brettern balancieren. Hierbei hätte ein Abrutschen schlimme Folgen haben und edle Körperteile verletzt werden können.

Elly wuchtete die erste Platte an die Dachkante; ich zog sie herauf und schob sie an ihren Platz. Wegen der notwendigen Dichtheit mussten jeweils zwei Wellen zweier Platten überlappen, sodass die Reihenfolge des Verlegens vorgegeben war. Außerdem mussten die unteren Platten zuerst verlegt werden, damit die oberen auf ihnen zu liegen kamen, weil sonst das Wasser in die Box gelaufen wäre.

Nachdem die untere Reihe verlegt war, konnte ich mich wieder in kniender Haltung bewegen und mich somit sicherer fühlen.

Es regnete immer noch ziemlich stark und auch auf den Dachplatten sprudelte nun munter das Wasser! Es umspülte meine Knie und die Spitzen meiner Stiefel. Während ich eine neue Platte passgerecht legte, lief mir das Wasser in die Ärmel meiner Jacke und des Overalls.

Meine nagelneue Skiunterwäsche war scheinbar von der falschen Seite her wasserabweisend, da sie das Wasser zwar hinein, aber nicht mehr heraus ließ. Immer wenn ich mich aufrichtete spürte ich ein leises Rieseln, wenn das Wasser nach unten ablief, um sich in meinen Stiefeln zu sammeln. Da ich meine Stiefel immer gut fettete, waren sie wasserdicht. Richtig spaßig wurde es, als die hintere Krempe meines Hutes nach unten klappte und das Wasser auch noch in meinen Kragen lief! Trotzdem musste weitergearbeitet werden, weil das Pferd in drei Stunden ankommen sollte.

Während ich die restlichen Platten verlegte und ausrichtete, begann Elly mit der Motorsäge die Bretter für die Boxenwände zu schneiden. Normalerweise bin ich ja kein ängstlicher Mensch - aber wenn ich meine Frau mit einer Motorsäge arbeiten sehe und dazu noch in drei Meter Höhe auf einem nassen, rutschigen Dach stehe, überkommt mich doch ein gelindes Frösteln! Vielleicht lag es in diesem Fall aber auch nur an meiner völlig durchnäßten Kleidung.

Jedenfalls beeilte ich mich, die Platten zu verschrauben und vom Dach herunter zu kommen. Etwas steif durch das lange Knien, stieg ich die Leiter hinab.

Elly hatte die Bretter bereits geschnitten und wir begannen die Boxenwände zu verkleiden. Es war eine richtige Wohltat jetzt unter Dach zu arbeiten! Ich hätte gerne erst meine nassen Sachen gegen trockene Wäsche eingetauscht, aber in zwei Stunden sollte das neue Pferd ankommen.

Wir nagelten die Bretter an die Säulen und langsam wurde mir wieder warm. Als wir drei Seiten fertig hatten, hörten wir das Telefon läuten. Elly lief los.

Bis zur Haustüre waren es etwa vierzig Meter, dann die Treppe in den ersten Stock und an der Wohnungstür die Stiefel ausziehen - nicht immer erreichten wir das Telefon rechtzeitig; manchmal hatte der Anrufer schon aufgelegt, bis wir abheben konnten. So auch diesmal.

Elly zuckte mit den Schultern als sie zurück kam und wir nahmen unsere Arbeit wieder auf. Noch zweimal klingelte es während der nächsten Stunde, aber wir ließen uns nicht mehr stören und bauten an der Box weiter. Bis auf die Tür war alles fertig. Während ich mich an die Herstellung derselben machte, ging Elly in die Wohnung um etwas zu essen zu bereiten.

Der Regen hatte nachgelassen und es klarte ein bisschen

auf. Ab und zu waren bereits die ersten Sonnenstrahlen durch Wolkenlücken gedrungen und hatten einen hübschen Regenbogen gezaubert. Morgen würde wohl das schönste Wetter sein!

Schon wieder klingelte das Telefon. Ich hob gerade die Boxentür in die Angeln, als Elly aus dem Fenster nach mir rief.

„Ich bin gleich fertig! Dann komme ich zum Essen." antwortete ich und wollte weitermachen.

„Lass es ruhig liegen!" meinte Elly „Sie haben gerade angerufen und gesagt, sie könnten das Pferd erst morgen abend bringen, weil das Dach ihres Pferdehängers kaputt ist und es immer hinein regnet. Und ein nasses Pferd in einem zugigen Hänger könnte leicht krank werden. Das Risiko wollten sie nicht eingehen."

Als ich wortlos mein Werkzeug fallen ließ und Richtung Haustür ging, quackerte das Wasser in meinen Stiefeln und ich fragte mich, wer sich wohl Gedanken über das Risiko machte, das nasse Ehemänner auf zugigen Boxendächern eingingen?

*

Der Ausritt

Reiter reiten nicht einfach so - sie reiten aus!

Der Ausrittt wird - nach gründlicher Vorbereitung - alleine oder zu mehreren unternommen. Die Route und das Tempo des Rittes sind entweder von vornherein geplant oder, nach Lust und Laune der Teilnehmer, spontan gewählt. Es sind jedoch einige Grundregeln beim Ausritt zu beachten, um ein harmonisches Miteinander von Reitern und normalen Menschen zu gewährleisten.

Der wichtigste Punkt ist die Rücksichtnahme auf Fußgänger, Radfahrer und Verkehrspolizisten. Auch dem motorisierten Straßenverkehr sollte unsere Aufmerksamkeit gelten.

Generell tabu sind für den Reiter u. a. die Bundesautobahnen (alle Fahr- sowie die Standspuren), Schienenstrecken der Deutschen Bahn AG (hier besonders Tunnels und Brücken sowie Bahnhofsgaststätten) und die Start- und Landebahnen von Flugplätzen (gilt auch für Graspisten von Sportflugplätzen). In anderen Ländern gelten entsprechende Einschränkungen.

Alle anderen Verkehrswege und das freie Gelände dürfen beritten werden - sofern sie nicht mit einem Reitverbotsschild gekennzeichnet, in Privatbesitz, umzäunt, oder mit 'Betreten verboten' beschildert sind. Felder, Wiesen und Äcker die mit Kulturpflanzen oder Gras bewachsen oder angesät sind, müssen ebenfalls gemieden werden!

Da der Wald allen Bundesbürgern kraft Gesetzes zugänglich ist, darf auch der Reiter hinein. Ob Pferde

Bundesbürger sind, bedarf noch einer höchstrichterlichen Klärung. Im übrigen empfiehlt sich die Benutzung von Waldwegen, um das Aufscheuchen von Wildtieren, Jägern und Förstern zu vermeiden.

Sollten sie trotzdem einmal eine Begegnung mit einem grüngekleideten, bewaffneten und eine Kopfbedeckung tragenden Mann haben - bleiben Sie gelassen! Stellen Sie zuerst fest, mit welcher Gattung Mensch Sie es zu tun haben.

In Frage kämen z. B.: Jäger (Privatperson), Förster (Öffentlicher Dienst oder privat), Soldat oder Bundesgrenzschützer (Staatsbürger in Uniform) oder Polizist (Freund und Helfer).

Je nach dem, wie das Ergebnis Ihrer Erkundigung aussieht, sollten Sie Ihre Verhaltensweise dem Status des Gegenübers anpassen.

Grundsätzlich gilt, dass ein höflicher Gruß niemals schadet! Unterbrechen Sie also ruhig die Schimpfkanonade, die zweifellos über Sie hereinbricht, mit einem freundlichen, lauten „Guten Tag, Herr Jäger (Oberforstrat, General, Kommissar, etc.)!“

Weniger angebracht sind Anreden wie: Tierschänder, Waldschrat, Mörder in Uniform, Bulle und dergleichen. Sie möchten ja auch nicht als krummbeiniger Jockey bezeichnet werden!

Da die allgemein übliche, zivilisierte Begrüßung nun stattgefunden hat, steht einem konstruktiven, freundlichen Gespräch nichts mehr im Wege. Nutzen Sie ruhig Ihre höhere Warte auf dem Pferderücken, um dem Gesprächspartner auf dem Erdboden Ihren größeren

Überblick über die Lage zu verdeutlichen.

Moderne, selbstbewußte Mitmenschen messen dem Sitz auf dem hohen Ross keine allzu große Bedeutung mehr bei und wissen, dass Sie ja nicht bei jeder Begegnung absteigen können.

Hören Sie sich also in Ruhe an, was der JäFöSoGrePo zu sagen hat und antworten freundlich aber bestimmt, dass Sie schon wüssten, was er wolle, dass es ihn gar nichts anginge, was Sie tun, dass er Sie sowieso nicht meinen könne und: Dass wir ja schließlich immer noch in einem freien Land lebten, unsere Steuern für solche Leute wie ihn zum Fenster hinaus geworfen würden und ganz außerdem, er ja nicht glauben solle, wen er vor sich habe!

Stellen Sie ganz sachlich fest, wie sehr Sie verärgert sind; dass Sie nun friedlich weiter Ihres Weges reiten müßten, da Ihr Pferd müde sei und ins Bett müsse. Reiten Sie energisch an ihm vorbei. Gehen Sie nach wenigen Schritten in den Galopp und entfernen sich schnell von der Begegnungsstätte.

Wenn Ihnen das während eines Ausrittes nur dreimal gelingt, brauchen Sie sich nicht zu schämen. Auch sehr erfahrene Reiter kommen oft nicht auf eine bessere Quote, in der Werbung für den Reitsport!

*

Die Box

Die Wohnung des Pferdes heißt Box. Einige Pferde leben auch in anderen Unterkünften, wie etwa in einem Offenstall oder sonstigen Bretterverschlägen. Nur selten findet man noch Pferdestände.

Die Box sollte eine angemessene Größe haben, das heißt: Das Pferd sollte sich umdrehen können! Und zwar horizontal und vertikal, also im Kreis herum und auch vom Bauch auf den Rücken und wieder zurück.

Manche Pferde finden ihre Box zu klein und versuchen durch Umbaumaßnahmen, wie etwa dem Heraustreten von Boxenwänden oder -türen, ihren Lebensraum zu erweitern.

Manchmal bekommt ein Pferd Urlaub, dann darf es auf die Koppel. Wenn es dort noch ein oder mehrere andere Pferde antrifft, entspricht dies unserem Massentourismus.

Ansonsten lebt so ein Pferd in seiner Box angenehmer als wir Menschen, denn der Zimmerservice ist im Preis inbegriffen und zur Arbeit muss es meist auch nur ein- oder zweimal wöchentlich für einige Stunden.

Da Pferde nicht alleine gehalten werden sollten, finden sich in den meisten Ställen zwei bis dreißig Boxen, die von je ein bis zwei Pferden bewohnt werden. Manche Ställe sind vorbildlich. Andere sind perfekt und einige sind wirklich pferdegerecht.

Der Kontakt mit Artgenossen ist für das Pferd unbedingt notwendig, um seine seelische Gesundheit zu erhalten! Der verantwortungsbewußte Pferdehalter erleichtert seinem Pferd die Fühlungsnahme durch Verwendung dünner Boxenwandbretter, die das Pferd durchlassen wenn es das will. Durch die Einplanung von Sollbruchstellen seitens des Sägewerkes, ist auch die Verletzungsgefahr gering.

*

Das eigene Pferd

Wenn Sie mit dem Gedanken spielen sich ein eigenes Pferd anzuschaffen, sollten Sie gründlich überlegen welche Anforderungen das an Sie stellt.

Zuerst wäre da der finanzielle Aspekt. Entscheiden Sie, ob Sie ein Haus bauen oder ein Pferd kaufen wollen. Die finanzielle Belastung ist in etwa gleich!

Freizeit- und Sportpferde bekommen Sie bereits ab 2000 DM in großer Auswahl angeboten. Nach oben sind den Ausgabemöglichkeiten keine Grenzen gesetzt.

Eine gute Unterbringung des Tieres in einem vernünftigen Stall kostet ca. 500 DM bis 1500 DM - je nach gewünschtem Standard.

Pferde fühlen sich in hellen, luftigen und ausreichend großen Boxen, wo sie Kontakt zu Artgenossen haben und reichlich Koppelgang, sehr wohl. Manche Pferdebesitzer fühlen sich nur in Ställen wohl, wo sie betonierte Höfe sowie feine Reiterstübchen haben. Daher der Preisunterschied!

Die Ausgaben für die Reitausrüstung, wie Sattel, Zaumzeug, Decken, Putzgeräte, Peitschen, Gerten und - falls gewünscht - Reitkleidung, liegen zwischen 1500 DM und 10000 DM.

Unbedingt einkalkulieren, sollten Sie auch die Kosten für den achtwöchigen Termin beim Hufschmied, der mit ca. 120 bis 300 DM - je nach Bundesland und Größe des Hufes, sowie der Geldgier des Schmiedes - zu Buche schlägt.

Weitere 1500 DM kostet der Tierarzt jedes Jahr, weil Ihnen die Gesundheit Ihres Pferdes am Herzen liegt.

Damit ein etwaiges Fehlverhalten Ihres Tieres oder Ihrerseits, nicht den finanziellen Ruin bedeutet, brauchen Sie eine Pferdehaftpflicht- sowie eine Unfallversicherung. Kosten: ca. 350 bis 700 DM im Jahr.

Da ein Pferd regelmäßigen Kontakt mit seinem Besitzer haben sollte, müssen Sie es zwei- bis dreimal in der Woche besuchen. Fahrtkosten je nach Entfernung.

Sollten Sie jetzt schon etwas grün im Gesicht sein, vergessen Sie nicht eine Reserve einzuplanen, weil mit Sicherheit unvorhergesehene Ausgaben für Ihr Pferd auf Sie zukommen!

Wenn Sie ein bisschen im Kopf mitgerechnet und dabei nicht geschummelt haben, sehen Sie das Ergebnis klar vor Ihrem geistigen Auge:

Anschaffungskosten: ca. 3500 DM bis zu 40000 DM.

Monatliche Fixkosten: ca. 775 DM bis zu 2510 DM.

Sollten Sie es nicht glauben können - rechnen Sie einfach

noch einmal nach!

Das durchschnittliche Lebensalter eines Pferdes beträgt ca. 25 Jahre. Je nach Alter des Tieres beim Kauf, betragen die Kosten also bis zu 702640 DM! Pro Pferd!

Wenn Sie jetzt zu dem Ergebnis kommen, doch lieber ein Haus zu bauen, empfehle ich Ihnen mein Buch 'Mauern, schwitzen, fluchen... der leichte Weg zum trauten Heim!'

*

Festgelegt

Wenn sich ein Mensch in eine Position gebracht hat, aus der er nur schwer oder gar nicht mehr zu entfernen ist, sagt man, er habe sich festgesetzt. Wenn sich ein Pferd in eine Position bringt, aus der es sich nicht mehr erheben kann, hat es sich festgelegt.

Bevorzugt geschieht das in der Box und zu nachtschlafener Zeit. Das Pferd, wie alle Säugetiere ein lebhafter Träumer, träumt. Wahrscheinlich träumt es von der Zeit, als seine Vorfahren sich noch frei und ungebunden über die Weiten des kaum besiedelten Kontinentes bewegten. Oder von einer größeren Box.

Solche Träume werden - wie bei uns Menschen - von heftigen Bewegungen, die bis zum Hin- und Herwälzen gehen können, begleitet. Beim Hinwälzen geht es meist noch gut. Das Herwälzen wird, da das Pferd jetzt bereits in Schwung gekommen ist und möglicherweise der Traum immer realistischer wird, jedoch meist zum Problem - die Box ist zu klein!

Wenn dann der Winkel den das liegende Pferd mit der Wand bildet, recht ungünstig und die Lage des Pferdes rückseitig ist, ist es geschehen: Das Pferd liegt fest!

Nun wäre das kein großes Problem, wenn Pferde - denen man ja einige Intelligenz nachsagt - ruhig liegenbleiben und auf das Auftauchen Ihres Betreuers warten würden. Das tun sie aber nicht, sondern sie versuchen immer wieder aufzustehen. Dabei schlagen sie wie wild um sich und es besteht Verletzungsgefahr. Davon ist nicht nur das Pferd, sondern auch herbeieilende Helfer betroffen!

Da die Anzahl der nächtens an oder in unserem Stall Anwesenden, sich meistens auf meine Frau und mich beschränkt, kommen die anderen Pferdebesitzer selten in den Genuß einer mitternächtlichen Fitnessstunde. Ein Pferd wiegt ja bekanntlich, je nach Größe und Gewicht, mehr oder weniger viele Kilogramm. Meistens sind es mehr! Ca. 300 - 900 Kilogramm darf man schon rechnen.

Um das Tier aus seiner unangenehmen Lage zu befreien, ist es notwendig es so hin zu drehen, dass es selbst wieder aufstehen kann. Diese Tätigkeit muss mit einiger Vorsicht ausgeübt werden, weil das Pferd meist noch immer nicht ruhig liegenbleibt; es möchte ja aufstehen und dazu muss es - nach seiner langjährigen Lebenserfahrung - die Beine bewegen.

Unter beruhigendem Zureden versucht man zuerst die Beine am Hinterteil des Pferdes unter seinen Bauch zu schieben, da sie erstens am gefährlichsten sind und zweitens das Pferd sonst nicht aufstehen kann. Sind die Hinterbeine richtig platziert, wendet man sich den vorderen zu. Dabei ist zu beachten, dass man den Vorderkörper des Pferdes in die gleiche Richtung dreht, in die man auch den Hinterkörper gedreht hat. Andernfalls wird der benötigte Kraftaufwand viel zu groß und das Pferd querschnittsgelähmt!

Vorausgesetzt alle bisher beschriebenen Maßnahmen wurden mit der nötigen Umsicht erfolgreich durchgeführt, sollte das Tier jetzt in einer Haltung liegen, die ihm ein Aufstehen ermöglicht.

Wenn trotz guten Zuredens und etwas Nachhilfe das Pferd liegenbleibt, dann ist es entweder völlig erschöpft oder man hat etwas falsch gemacht. In diesem Fall beginnt man noch einmal von vorne.

Am besten stellt man sich erst einmal das Bild eines stehenden Pferdes vor. So ist dann einigermaßen sichergestellt, dass z.B. das linke Vorderbein auch wirklich nach links vorne kommt!

Sollte Ihr Pferd jetzt immer noch verkrümmt am Boden liegen, sehen Sie sich besser nach professioneller Hilfe um. Bitte rufen Sie Ihren Tierarzt oder einen benachbarten Pferdehalter an!

Bei uns anzurufen ist zwecklos, da wir mit großer Wahrscheinlichkeit selbst im Stall ein Pferd auf die Beine stellen müssen, oder unser Telefon nachts leise gestellt haben.

*

Zuneigung

Zuneigung zeigen Pferdefreunde ihrem und anderen Tieren durch Streicheln und die Auswahl von Kosenamen (siehe 'Kreizbuk'). Pferde zeigen ihre Zuneigung, mangels Händen mit denen sie streicheln könnten, durch Zuneigen.

Besonders beim Putzen ist häufig zu beobachten, wie sich Pferde ihrem Pfleger zuneigen. Damit dieser seine eventuelle Abneigung nicht zeigen kann, stellen manche Pferde eines ihrer Beine auf den Fuß des Putzenden und neigen sich ihm zu. Sie neigen sich und neigen sich, bis sie mit ihrer Flanke oder Schulter ganz zärtlich oder auch deutlich spürbar, Körperkontakt hergestellt haben und ein Viertel ihres Gewichts auf dem Fuß des Menschen ruht.

Leider können die wenigsten Menschen diese Zuneigung auf adäquate Weise erwidern, da es ihnen einfach an der nötigen Masse fehlt! Außerdem ist es nicht ganz leicht, seinen Fuß auf einen Pferdehuf zu stellen. Man rutscht zu schnell ab! So bleibt in den meisten Fällen nur der - für den Beobachter lustig anzusehende - Versuch, das Pferd zur Seite zu schieben und den Fuß unter seinem Huf hervor zu ziehen.

Wenn das Pferd besonders lieb ist und seine Zuneigung deutlich zeigen will, besteht es jedoch auf einer angemessenen Dauer des innigen Körperkontaktes und ist nicht so einfach zum Rückzug zu bewegen. Hilfreich in solchen Situationen, ist die Anwendung eingeübter Kommandos, wie z.B.: „Geh runter!“ oder „Fuß!“

Um dem Pferd keinen Schreck einzujagen, ist dabei besonders auf den Tonfall zu achten. Besitzer großer, schwerer Pferde sollen diese Kommandos schon gesungen haben!

Sollten alle bisherigen Versuche kein befriedigendes Ergebnis gebracht haben, bliebe noch die Anwendung leichter körperlicher Gewalt. Schlagen Sie jedoch nicht wahllos mit irgendwelchen Dingen auf Ihr Pferd ein! Benutzen Sie statt dessen, was Sie gerade in der Hand halten. Dadurch erkennt auch das liebste Tier schnell, dass es jetzt keine Zeit mehr verlieren darf!

Haben Sie Ihren Fuß befreit, empfiehlt es sich einen Schritt vom Pferd zurückzutreten, bevor Sie weitere Maßnahmen ergreifen. Bedenken Sie bei allem was Sie nun tun, dass das Verhalten des Pferdes ja nicht auf Bosheit oder Unvorsichtigkeit, sondern einzig und allein auf Zuneigung zu Ihnen beruhte!

*

Die Pferdekoppel

Pferdekoppeln sind ein interessanter Anblick für Touristen und Wanderer. Besonders wenn sich Pferde darauf befinden.

Auf keinen Fall kann man auf die Umzäunung der Koppel verzichten, weil sonst viele der vorbeikommenden Wanderer versuchen würden, die Pferde mit Wurstbroten, Eiscreme, Schokolade oder Kuchenstücken und Bonbons zu füttern. Selbst Verbotsschilder helfen da wenig!

In einigen Gegenden Europas soll es noch Menschen geben, die ein mit 'Privat' beschildertes Grundstück - trotz fehlender Zäune - nicht betreten. Bei uns im Lande kommen diese Leute nicht vor!

Wenn Ihre Pferdekoppel nahe eines Weges liegt, empfiehlt sich deshalb die doppelte Umzäunung: Innenzaun in Elektroausführung um die Pferde drin, und Außenzaun mit Stacheldraht und Selbstschussanlagen, um die Wanderer draußen zu halten!

Die Größe der Koppel sollte sich immer nach der Anzahl der darauf weidenden Pferde richten oder umgekehrt. Eine Fläche von 5000 Quadratmetern pro Pferd gilt als angemessen. Das umgekehrte Verhältnis ist in der Realität noch nicht erreicht worden.

Bei der Planung einer Pferdekoppel kann man von unterschiedlichen Voraussetzungen ausgehen:

1. Man besitzt bereits einen Weidezaun und errechnet aus dessen Länge die zu umzäunende Fläche. Bei dreieckigen Koppeln wendet man dabei den pythagoräischen Lehrsatz an, bei viereckigen kann man schätzen.

2. Man hat eine gegebene Grundstücksfläche und kauft entsprechend viel Zaunmaterial.

3. Man hat weder das Eine noch das Andere - dann sollte man die Planung noch etwas aufschieben.

Zuerst muss man sich die Beschaffenheit des Geländes genau betrachten. Denn nicht immer bedeutet ein schöner dichter Bewuchs mit saftigem Grün auch eine Eignung als Pferdekoppel. Wenn die Pferde nach kurzer Zeit immer kleiner, bzw. ihre Beine immer kürzer zu werden scheinen, kann es sich unter Umständen auch um eine Sumpffläche, ein Hochmoor oder eine Säuredeponie handeln, die unter einer dünnen Grasschicht verborgen waren. Schnelles Handeln ist hier geboten, um Ihre Lieblinge vor der Gefahr in Sicherheit zu bringen.

Prüfen Sie also vor dem Einzäunen die gesamte Fläche der Koppel auf Festigkeit. Ebenso wichtig ist die Kontrolle auf herumliegende Gegenstände wie: Alte rostige Sensen, Fahrradteile, Nägel und sonstige Zivilisationsprodukte. Sollte das Gras hochstehen ist besondere Sorgfalt angesagt, da in solchem auch schon Liebespärchen oder notgelandete Segelflugzeuge gefunden wurden!

Wenn alle Hindernisse und Verletzungsgefahren beseitigt sind, kann mit der Umzäunung begonnen werden. Je nach Art des gewünschten Zaunes werden hierzu verschiedene Materialien benötigt und sollten griffbereit vorhanden sein.

Für Bretterzäune sind hauptsächlich eine ausreichende Menge Bretter, Zaunpfosten und Nägel sowie Verbandszeug nötig. Beim Aufbau eines Elektrozaunes kann auf Nägel und Bretter weitgehend verzichtet werden, solange genug Draht oder Breitbandlitze und einige Kilo Watt verfügbar sind. Die verwendeten Stromspannungen von 2000 bis 9000 V lassen es geraten erscheinen, das Weidezaungerät als Letztes zu installieren, da sonst die Batterie wahrscheinlich leer wäre, bis der Zaun fertig gespannt ist. Amüsanter - für etwaige Zuschauer - wäre jedoch der umgekehrte Ablauf !

Bei der Planung des Zaunes muss auch die Größe der vorhandenen Pferde in Rechnung gestellt werden. Die unterste Brettreihe oder der unterste Draht dürfen nicht so hoch angebracht sein, dass die kleinsten Pferde darunter hindurch kriechen, und der obere Rand des Zaunes muss hoch genug sein, dass die größten Pferde nicht darüber springen können! Bei der gemeinsamen Haltung von Miniponies und Shire-horses wären das ca. 25cm Bodenabstand für die untere Reihe und ca. 190cm für die obere. Natürlich können auf dieser Koppel keine Pferde mit einem Stockmaß von 1,20m bis 1,60m gehalten werden.

*

Stalltiere

Zu einem richtigen Pferdestall gehören außer den Pferden auch noch andere Tiere. Man begegnet zum Beispiel häufig Hunden und Katzen, Hühnern und Gänsen oder exotischen Lebensformen wie Alligatoren.

Einer unserer Bekannten hielt eine Zeitlang Tiger und Löwen sowie Elefanten in seinen Stallungen. Nach energischem Einspruch der zuständigen Behörden und ausführlicher Fernsehberichterstattung beschränkte er sich wieder auf Pferde-, Esel- und Schafhaltung.

Gewöhnliche Haustiere wie Hunde und Katzen werden jedoch meist nicht beanstandet, da ja leicht einzusehen ist, dass sie für den Pferdestall von großem Nutzen sind. Bei Alligatoren bedarf es einiger Überzeugungskraft, um einem Außenstehenden diesen Nutzen zu erklären. Das gewichtigste Argument ist wohl, dass in einem

Pferdewaschweiher, in dem sich ein Alligator befindet - zumindest in Deutschland - noch niemals Piranhas gesehen wurden!

Für unsere Zwecke scheint allerdings die Haltung von Alligatoren nicht notwendig zu sein, da wir nicht über einen Pferdewaschweiher verfügen.

Dafür haben wir in unserem Stall drei wunderschöne Katzen verschiedener Färbung und Größe. Es ist eine wahre Freude sie bei ihrem Treiben zu beobachten. Da sie alle drei erst ein halbes Jahr alt sind, sind sie noch sehr verspielt.

Minka, die größte und Katerle der dickste von ihnen, tollen immer auf dem Heuboden herum und unterhalten die Mäuse, damit denen nicht langweilig wird. Seitdem wir die beiden haben, sind unsere Mäuse sehr viel schlanker als vorher! Auch in Bezug auf den Futterverlust durch Mäusefraß, sind die Katzen ein deutlicher Gewinn. Obwohl sie die gefangenen Mäuse nicht als Nahrungsmittel betrachten und statt dessen lieber ihr Katzenmenue á DM 1,79 genießen, sind sie uns doch lieb und besonders teuer geworden.

Unsere dritte Katze namens Sphinx spielt meist die Diva und alleine. Ihre Auftritte haben etwas majestätisches und werden vor allem von den Mäusen fasziniert beobachtet. Diese Faszination beruht auf Gegenseitigkeit, denn auch Sphinx kann Mäuse stundenlang beobachten ohne sich zu bewegen oder sie zu fangen.

Ganz anders verhält sich Tanka unsere Stall- und Wachhündin. Wenn sie eine Maus oder - seltener - eine Ratte erblickt, gibt es kein Halten mehr! Im Gegensatz zu den Katzen verspeist sie erlegtes Kleingetier auch mit Wohlbehagen. Da sie außerdem die Reiter auf den meisten Ausritten begleitet, ist sie sehr schlank. Das kommt ihr beim Mäusefangen zugute, weil sie sich auch in enge Spalten zwängen kann und so die Hoffnung der Mäuse auf ein Entkommen zunichte macht.

Mit Tanka hat es auch noch eine andere Bewandtnis: Manchmal glaubt sie, sie sei ein Pferd! Wahrscheinlich kommt es daher, dass sie mit ihren sieben Geschwistern in einer Pferdebox aufgewachsen ist.

Als ihre Mutter, unsere Border-Collie-Hündin Leopoldine von Mitmuss, am Heiligabend 1994 ihre Jungen zur Welt brachte, wohnten wir noch in einer Dachgeschoßwohnung. Wir hatten nur ein Wohn- sowie ein Schlafzimmer zu unserer Verfügung. (Bad und Toilette waren natürlich auch vorhanden.) So waren wir gezwungen die jungen Welpen in einem großen Karton, in dem Flur der die Räume unserer Wohnung verband, unterzubringen.

Solange sie noch blind und fast unbeweglich waren, ging das erstaunlich gut. Sie blieben in ihrem Hundeheim und waren so süß anzusehen! Als sie etwas größer wurden, die Augen öffneten und anfingen herum zu krabbeln, wurde die Sache schon schwieriger. Auf unseren Wegen durch die Wohnung waren wir nun gezwungen, äußerste Vorsicht walten zu lassen. Ständig fürchteten wir, auf einen der Kleinen oder in ihre Hinterlassenschaft zu treten.

Mit der Zeit erwarben wir uns jedoch eine gewisse Routine im Durchqueren des Ganges. Noch Monate später erregte unser Gehen mit hochgehobenen Füßen und angezogenen Knien viel Heiterkeit bei unseren Bekannten!

Als die Welpen knapp vier Wochen alt und ihre Zähne und Klauen fertig ausgebildet waren, begann für uns eine schwere Zeit! Morgens nach dem Erwachen, ist ja das erste Ziel des zivilisierten Menschen bekanntermaßen das stille Örtchen. Zwischen diesem und dem Schlafzimmer wohnten jetzt jedoch unsere süßen Hundchen.

Voller Freude uns nach langer Nacht wiederzusehen, begrüßten sie uns mit Gebell und sprangen an unseren Beinen hoch! Einige der Spuren, die sie dabei mit ihren Krallen auf meinen Schienbeinen hinterließen, kann man heute noch bewundern.

Ich versuchte dann meine Gänge zu den verschiedensten Zeiten zu erledigen, in der Hoffnung die Wuffis würden vielleicht noch schlafen und mich nicht bemerken. Auf Zehenspitzen schlich ich zur Schlafzimmertür um zu lauschen. Alles ruhig? Vorsichtig öffnete ich die Tür einen Spalt. Alles ruhig! Nichts zu hören. Ich machte Licht und ging, den schwarzen Wollknäuel geschickt ausweichend, durch den Flur.

Die ersten zwei hatte ich glücklich hinter mich gebracht - da öffnete der dritte die Augen. Er sah mich direkt an.

„Pst!“ machte ich.

Er gähnte. Ich bewegte mich ganz vorsichtig weiter. Er wedelte mit der Schwanzspitze.

„Pst! Bitte schlaf weiter!“ flehte ich ihn an.

Er wedelte mit dem Schwanz und verzog seine Lefzen

zu einem freundlichen Lächeln.

„Bitte!“ hauchte ich, „Bitte bleib ruhig!“

Ich stand auf einem Bein, den Zeigefinger der rechten Hand auf die Lippen gepreßt und wagte nicht, mich zu bewegen.

Er schloß sein rechtes Auge. Ich begann zu hoffen. Er schloß sein linkes Auge. Ich frohlockte und versuchte den begonnenen Schritt zu beenden. Er sperrte seinen Rachen auf und heulte wie ein Wolf! Blitzschnell waren seine Geschwister erwacht und auf den Beinen.

Auf meinen!

So beschlossen wir die Kleinen sobald es die Witterung zulassen würde, in eine leere Pferdebox zu verlegen. Einige Tage später kletterte das Thermometer über den Hundefrierpunkt und der Umzug fand statt.

Nach und nach fanden alle jungen Hunde ein Herrchen oder Frauchen; nur Tanka, die untypischerweise ganz kurzes Fell hatte, fand keinen Abnehmer. Da wir jedoch keinen zweiten Hund in der Wohnung halten konnten, blieb sie in der Futterkammer des Stalles wohnen.

Sie bestand auf ihrem täglichen Koppelgang mit den Pferden und frißt auch heute noch leidenschaftlich gerne Mohrrüben und Paprikaschoten.

*

Sebastian

Florian und Sebastian waren die Namen zweier unserer Gespannpferde. Die beiden Schimmelwallache waren geritten und gefahren und hatten einen gutmütigen Charakter. Durch ihren Einsatz als Schul- und Verleihpferde waren sie erfahren im Umgang mit den verschiedensten Reitern und mit allen Wassern gewaschen.

Ihre hervorragendste Eigenschaft war, dass sie alle ihre Reiter wieder heil nach hause brachten - wenn auch manchmal 'Reiter bei Fuß' oder im spielerischen 'fang mich doch, wenn Du kannst!' -verfahren.

Sebastian hatte zu diesem Zweck ein besonders wirksames Vorgehen entwickelt. Kurz nachdem der Stall außer Sichtweite gekommen war, knickte er in den Vorderbeinen ein. Dann legte er sich zur Seite und begann sich zu wälzen. Fairerweise gab er dem Reiter immer etwa drei Sekunden Zeit, die Füße aus den Steigbügeln zu entfernen!

Wenn nun die erschrockenen Reiter neben dem sich wälzenden Sebastian standen und nicht recht wußten, was sie von der Sache halten sollten, erhob er sich und lief einige Meter weiter, um dann stehen zu bleiben als sei nichts gewesen. Dann wartete er auf den ersten Versuch die Zügel wieder aufzunehmen.

Er stand ganz ruhig und ließ seinen Reiter bis auf zwei oder drei Meter an sich herankommen. Dann drehte er ihm sein Hinterteil zu, um den Zugriff auf die Zügel nicht zu leicht werden zu lassen. Da - wie ja schon eingehend beschrieben - ein Pferdehinterteil nicht ganz ungefährlich ist, musste also ein Bogen geschlagen werden um den Kopf zu erreichen. Dummerweise ist ein Bogen eine gekrümmte Linie und dadurch länger als eine Gerade, so dass Sebastian immer einen Vorsprung hatte. Kaum hatte der Reiter sich den hängenden Zügeln bis auf Griffweite genähert, erfolgte die nächste Drehung!

Ich habe einmal fast eine Viertelstunde dieses Ballett mit Sebastian getanzt und kann es zur Körperertüchtigung nur empfehlen. Dabei muss noch erwähnt werden, dass diese Vorgänge in aller Ruhe, ohne geringste Anzeichen von Nervosität seitens des Pferdes abliefen. Beim Reiter allerdings... !

Je nach Laune beendete Sebastian das Spiel und ließ sich einfangen oder - er ging in die zweite Runde. Die nun geltende Regel besagte: „Wer zuerst am Stall ist, hat gewonnen!"

Meistens gewann Sebastian.

Um das Spiel nicht zu langweilig werden zu lassen, ließ er seinen Verfolger jedoch immer beinahe auf Griffweite heran kommen, bevor er wieder ein Stück weiter lief. Im Abschätzen der Sicherheitsentfernung war er sehr gut!

So näherten sich Ross und Reiter dem heimatlichen Stall, in fröhlichem Spiel vertieft und mit großem Unterhaltungswert für die Zurückgebliebenen. Manchmal wurden sogar Wetten abgeschlossen, wer zu Fuß und wer auf dem Pferd sitzend zurück käme. Sebastian und die Menschen hatten viel Spaß !

*

Wochenende

Wenn andere Menschen ihr geruhsames Wochenende haben, herrscht bei uns Hochbetrieb.

Bei schönem Wetter treffen kurz nacheinander alle Pferdebesitzer, die bei uns ein Pferd eingestellt haben, auf dem Hof ein.

Der vorhandene Parkplatz ist bis zur Grenze seines Fassungsvermögens gefüllt und die Zufahrten zum Stall mit Autos und Motorrädern zugestellt. Wer zuletzt kommt hat den weitesten Weg und tut etwas für seine Gesundheit. Gott sei Dank haben wir nicht sehr viele Pferde eingestellt, sonst müßten die Leute noch weiter laufen!

Wie in allen guten Teams ist auch bei uns die Arbeit, entsprechend der Fähigkeiten des Einzelnen aufgeteilt. Meine Frau kümmert sich um die Pferde und alles was damit zu tun hat - mir bleibt der Rest. Da ich neben unserer Pferdepension noch hobbymäßig acht Stunden täglich einem Broterwerb nachgehe um mein Taschengeld zu finanzieren, bleiben für die anfallenden Arbeiten nur die wenigen Stunden nach Feierabend sowie die Sams- und Sonntage.

Daher kommt es, dass ich oft neiderfüllt den Reitern zusehe, wie sie ihre Pferde satteln und ausreiten, während ich damit beschäftigt bin, irgendwelche Boxen zu reparieren oder Wände zu verputzen oder sonstige nützliche Arbeiten verrichte, zu deren Erledigung die Zeit während der Woche nicht ausreichte.

Nur manchmal, wenn ein Reiter vom Ausritt zurück kommt und hinkend, schimpfend oder gar fluchend sein

Pferd auf die Koppel führt, dann - ja dann bin ich eigentlich ganz froh, dass mir diese Gefahren erspart bleiben.

Meist aber kommen Pferd und Reiter mit einem fröhlichen Lächeln auf den Lippen und erzählen vom wunderbaren Erlebnis des Ausrittes. Höflich unterbreche ich dann meine Arbeit und höre mir die Geschichte an. Schon manchen Nagel habe ich danach mit der Hälfte von Schlägen in ein Brett geklopft!

Trotz allem macht mir die Arbeit auf unserem Reiterhof Spaß. Nach der täglichen Büroroutine ist ein bisschen körperlicher Ausgleich ja sehr nützlich für die Gesundheit und für die Zufriedenheit unserer Kunden ist uns nichts zuviel.

So haben wir uns vorgenommen, in den nächsten acht Monaten einen neuen Reitplatz, eine neue Toilette, einen Stallanbau mit sieben Boxen sowie eine neue Koppel zu errichten. Nebenbei muss noch die gesamte elektrische Anlage des Stalles auf den neuesten Stand der Technik und Vorschriften gebracht werden.

Meine Frau meinte, es wäre auch sehr hilfreich wenn die Wasserleitungen so verlegt werden könnten, dass sie im Winter nicht immer einfrören und ein 80-Liter-Heißwasserboiler müsse auch noch angebracht werden. Zu erwähnen, dass in diesen Zeitraum auch die Heu- und Strohernte fällt, ist wohl überflüssig, da der geneigte Leser - als Pferdefreund - das ja weiß.

Außerdem bietet unsere Pferdepension den Reitern ein gemütliches Reiterstübchen als Aufenthaltsraum; das heißt, wenn ich jemals mit den Bauarbeiten darin fertig werde. Für mich bedeutet das, dass ich wohl auch in diesem Jahr nicht in Gefahr komme einmal vom Pferd zu fallen, weil mir keine Zeit bleibt um mich drauf zu setzen.

*

Kalle Komm

An manchen Tagen versammeln sich beim Stall zahlreiche Hunde. Die meisten begleiten ihre Besitzer, aber auch ledige Tiere wurden schon beobachtet.

Kalle Komm ist einer von denen, die immer mit ihrem Frauchen kommen. Kalle Komm heißt eigentlich Calimero und ist ein Sohn von Tanka und Enkel von Leopoldine. Sein Frauchen heißt Carmen und hat auch das entsprechende Temperament! Als Tanka ihre Welpen zur Welt brachte, beschloß Carmen eins davon zu adoptieren. Calimero gefiel ihr am besten. Als er zehn Wochen alt war nahm sie ihn zu sich.

Die darauf folgenden Wochen waren eine lustige Zeit! Oft kamen wir in den Genuß, einer Hundeerziehungsstunde im Reiterstübchen oder im Hof des Stalles beizuwohnen.

Carmen hatte beschlossen, Calimero sei nicht nur der schönste sondern auch der folgsamste Hund. In ihrer liebevollen Art mit Tieren umzugehen, erklärte sie ihm das auch immer wieder: „Kalle, du bist ein Enkel von einer Border-Collie-Hündin! Border-Collies sind die intelligenteste Hunderasse der Welt! Also zeig mal was in dir steckt!“

Kalle gähnte und streckte die Zunge heraus.

„Im Prinzip richtig!“ lobte Carmen und meinte an der Verständigung müsse wohl noch etwas gearbeitet werden. Der Hinweis, Hunde verstünden am einfachsten kurze, prägnante Kommandos, schien ihr einzuleuchten.

Da sie beabsichtigte ihren Hund beim Reiten überallhin mitzunehmen, war das erste Kommando das er lernen sollte: „komm“

„Kalle!!..kommmm!!“

Kalle tollte gerade mit seiner Mutter über den Hof und machte keine Anstalten dem Ruf zu folgen.

„Kalle!!! Komm hierher!“

Kalle drehte den Kopf, blieb stehen und sah sein Frauchen fragend an.

„Siehst Du? Er guckt schon!“ freute sich Carmen.

„Na, jetzt sei ein lieber Hund und blamier` mich hier nicht vor den Leuten! Was sollen die denn von uns halten, wenn du nicht folgen willst? Also jetzt komm mal schön hierher zu mir!“

Kalles Gesicht war aufmerksam auf Carmen gerichtet, sein Schwanz wedelte und er freute sich sichtlich über die Aufmerksamkeit die ihm zuteil wurde.

„Kalle..kommm!“ nahm Carmen einen neuen Anlauf.

„Kalle, Schnuckelchen, jetzt komm mal hierher...sei lieb!“ lockte sie mit honigsüßer Stimme.

Kalle setzte sich in Bewegung.

„Er kommt!“ frohlockte Carmen „er kommt wirklich!“

Überschwenglich lobte und koste sie den vor ihr sitzenden Kalle. In der Zwischenzeit hatten sich noch einige Reiter im Hof eingefunden und schauten interessiert zu. Carmen freute sich sichtlich über die Aufmerksamkeit die ihrem Hund zuteil wurde.

Sie unterhielt sich mit einigen Leuten und beantwortete die neugierigen Fragen, die ihr gestellt wurden. Kalle zog es unterdessen vor, weiter mit seiner Mutter zu spielen.

„Habt ihr jetzt gesehen wie brav und folgsam Kalle ist? Gell, Kalle!...Kalle?“

„Kalleee!!..Kommm...st du her!!“

Noch oft hörten wir während der nächsten Wochen Carmens „Kalle!! Komm!“ womit Calimero seinen Rufnamen weghatte.

*

Ordnung

Ordnung ist das halbe Leben.

Und die andere Hälfte? Die findet sich manchmal in Reitställen! Es ist fast nicht zu glauben, wie viele Gegenstände so ein Reitstall beinhaltet. Von der Putzbürste über Wassereimer bis zur Mistgabel ist eine breite Auswahl handelsüblicher Werkzeuge und spezialgefertigter Utensilien vorhanden. Je kleiner der Stall, um so gewissenhafter müssen die Sachen verstaut werden, um sie auf dem vorhandenen Raum übersichtlich unterzubringen.

Hufkratzer, zum Beispiel, gehören in den Putzkasten. Wer schon einmal - nach minutenlangem Bemühen - mit dem Huf des Pferdes in der Hand dastand und dann verzweifelt seinen Putzkasten nach dem Hufkratzer durchwühlt hat, weiß wovon ich spreche!

Obwohl wir, bis auf eine Ausnahme, lauter zivilisierte Mitteleuropäer als Stallkunden haben, ist es erstaunlich an welchen Orten ich schon Hufkratzer gefunden habe.

Dass in der Eile beim Putzen mal ein Hufkratzer am Putzplatz liegen bleibt, ist ja noch verständlich; aber, wer zum Teufel, hat im Reiterstübchen seinem Pferd die Hufe ausgekratzt und den Hufkratzer - noch mit Dreck verschmiert - neben meine Brotzeit auf den Tisch gelegt?

Wer von unseren lieben Reitern frönt der Perversion, auf der Toilette eine Mistgabel zu benutzen und sie dann hinter die Tür zu lehnen, dass sie dem nächsten Besucher des Örtchens gegen die Stirn knallt? Hoffentlich nicht derselbe, der das Huffett auf der Klobrille hinterlassen hat; sonst wäre wohl dringend seelenärztliche Hilfe anzuraten!

Wer vermißt die Plastikschüssel mit den Resten von Tsatsiki vom letzten Grillabend im September, die ich im März hinter dem Werkzeugregal fand?

Meistens findet sich auf diese Fragen keine Antwort. Deswegen bin ich schon froh, wenn sich wenigstens einige Gegenstände wiederfinden, die ich dringend benötige.

Neulich installierte ich eine Zuleitung zu einer Lampe und wollte das Kabel abzwicken. Dazu brauchte ich einen Seitenschneider oder wenigstens eine Kombizange. Notfalls wäre ich auch mit einer Beißzange oder Heckenschere zufrieden gewesen. Weder das Eine noch das Andere fand sich an seinem Platz.

Beim Durchsuchen des Werkzeugregals fand ich dafür besagte Plastikschüssel! In diesem Extremfall ergab sich jedoch eine schnelle Aufklärung: Meine Frau war mit einigen Helfern gerade dabei eine neue Koppel einzuzäunen und die Werkzeuge noch vorhanden.

Schlimmer ist es, wenn keiner der Befragten etwas weiß.

„Hat jemand meine Eisensäge gesehen?"

„Nö!"

„Nein!"

„Nee!"

„Wozu brauchst Du sie denn?"

Solche oder ähnliche Antworten geben mir den Rest und die Möglichkeit meinen detektivischen Spürsinn zu erproben. Wenn ich dann nach halbstündiger Suche draufkomme, dass vor längerer Zeit jemand damit die Verschnürung einiger Heubündel aufgesägt und die Säge auf dem Heuboden liegen gelassen hat, ist mir ja schon geholfen. Um herauszufinden wer das Improvisationsgenie war, fehlt mir meist die Energie und die Zeit.

Ich warte nur auf den Tag, an dem einer zu mir kommt

und fragt: „Hast Du meinen Sattel gesehen?“ und wir dann feststellen, dass er sich vom letzten Ausritt noch auf dem Rücken des Pferdes befindet!

Seitdem wir einen Ordnungsobulus für liegengelassene, vergessene und nicht wieder aufgeräumte Gegenstände erheben, hat sich die Lage etwas gebessert. Leider habe ich vergessen, mich von dieser Regelung auszunehmen und habe jetzt ständig Schwierigkeiten, den Leuten zu erklären, dass ich mein Werkzeug nur deshalb auf der Baustelle liegen lasse, weil ich am nächsten Tag ohnehin wieder damit arbeiten muss. So bleibt es mir nicht erspart um des lieben Friedens willen, zähneknirschend manche Mark in die Schlamperbüchse zu werfen.

Wenigstens unterstütze ich damit einen guten Zweck, da wir beschlossen haben den Inhalt der Büchse für wohltätige Institutionen zu spenden. Nur über den genauen Empfänger konnten wir uns bis jetzt nicht einigen.

Mein Vorschlag, das Geld dem 'Verein zur Unterstützung von, durch Kundenschlamperei, wahnsinnig gewordenen Pferdepensionsinhabern' zukommen zu lassen, fand nicht die gewünschte Zustimmung. So wird wohl der Tierschutzverein oder der Finanzminister in den Genuß der Spende kommen.

*

Der Trail

In dem Ort wo wir unseren ersten Stall hatten, gab es einen Country und Western Club. Viele nette Menschen gaben sich dort ein Stelldichein und ihrem Hobby hin. Auch ich war Mitglied.

Vom einfachen Cowboy über Trapper und Indianer bis zum Colonel der US Kavallerie war so ziemlich alles vertreten.

Damit der Alltag am Wochenende auch ganz vergessen werden konnte, hatte jedes Mitglied einen Vereinsnamen. So tauchten dann 'Jesse' und 'Lassiter', 'Horror-Herb' und 'Calamity-Kate', 'Crissie' und 'Mississippi', 'Smoky' und 'Virginia' und viele andere, jedes Wochenende in eine fantastische Welt. Den größten Spaß bereitete die Ernsthaftigkeit mit der die ganze Sache angegangen wurde. Niemand spielte einen Cowboy oder Trapper - man war es!

Da zog der Herr Regierungsdirektor am Samstag seine Levi´s an und stand gestiefelt und gespornt neben dem Bauhelfer an der Theke des Saloons, und unterhielt sich bei einem Glas Whiskey über die sinnvollste Breite einer Hutkrempe für den Viehtrieb nach Oklahoma, während seine Gattin mit Queeny über den besten Kompromiß bei der Länge eines Rockes, während des Aufsteigens auf einen Planwagen und der notwendigen Sittsamkeit beim Gottesdienst, sowie über die Zutaten zum heutigen Eintopf sprach.

Viele der Cowboys und -girls die ihrem Hobby frönten, lernten bei uns reiten um ihrem Tun den letzten realistischen Touch zu geben.

Um den Club in der Öffentlichkeit bekannter zu machen, beschlossen wir einen Ausritt ins Nachbardorf. Stilecht gekleidet - auch die Waffen fehlten nicht - bestiegen wir unsere Pferde und zogen los.

Horror-Herb, unser Senior im Verein, ritt Sebastian. Rubber-Duck kam auf Halla zu sitzen; ich nahm - wie meistens - Florian, der mir damals schon sehr ans Herz gewachsen war. Ellys Pferd war natürlich ihre Rappstute Biana, die sonst niemanden auf sich ließ.

Der Weg führte zuerst steil bergauf durch einen Hangwald. Wir ließen die Pferde im Schritt warm werden. Die Augustsonne schien durch die Lücken des Laubdaches und zauberte herrliche Lichteffekte auf den Waldboden. Rechts neben dem Weg plätscherte ein kleiner Bach lustig talwärts. Der Hang wurde flacher und wir näherten uns dem Rand der Steigung im leichten Trab.

Ich führte die Gruppe an, was aber mehr an Florian lag als an mir, da er immer die Nase vorne haben musste. Hinter mir sah ich beim Umblicken Horror-Herb, danach kam Rubber-Duck und Elly bildete die Nachhut. Herb hielt sich stilecht aufrecht im Sattel. Ganz wie ein Cowboy, der seinem Pferd völlig vertraut, ließ er die Zügel locker vor der Brust baumeln und verließ sich auf Sebastians Trittsicherheit. Etwas anderes blieb ihm auch nicht übrig, da er extrem kurzsichtig war und den Boden aus der Höhe seines Sitzes sowieso nicht erkennen konnte.

Rubber-Duck, der immer wie ein Bankangestellter des Mittelwestens gekleidet war, saß auch so im Sattel!

Welche Figur ich machte, kann ich nicht beschreiben, da ich mich nicht aus der Entfernung sehen konnte - aber immer wenn ich beim Umdrehen einen Blick von Elly erhaschte, lächelte sie; manchmal lachte sie auch freundlich! Elly hatte wohl den meisten Spaß an unserem Ausritt.

Auf der Höhe des Berges lichtete sich der Wald. Wir ritten zwischen abgeernteten Kornfeldern und Wiesen, ließen den Pferden Zügel und galoppierten über die Äcker. Florian hatte immer ein Ohr nach hinten gerichtet. Sobald er hörte, dass ein nachfolgendes Pferd näher kam wurde er länger. Auf diese Weise steigerten wir allmählich unser Tempo zum gestreckten Galopp.

Der Wind pfiff mir um die Ohren und bog meine Hutkrempe nach unten. So konnte ich nichts mehr sehen und musste mich immer öfter umdrehen, damit die Krempe wieder nach oben ging. Eine Hand vom Zügel zu nehmen, wagte ich nicht.

Als ich mich wieder einmal umwandte, sah ich Halla aus der Gruppe ausscheren und mit Rubber-Duck in einem Maisfeld verschwinden. Nur sein Hut war noch über den hohen Maisstauden zu sehen. Ich zügelte Florian und wendete. Ducks Hut zog derweil Kreise im Maisfeld. Elly und Herb hatten auch angehalten und so standen wir drei vor dem Feld und lachten.

Ducks Geschrei wurde lauter, sein Hut langsamer. Als er schließlich zum Stillstand kam, hob er sich etwas und Duck schaute sich in den Steigbügeln stehend um.

„Was gibt´s denn da zu lachen?“ rief er und grinste, „Bremsen wollte sie nicht, da hab ich sie halt umgeleitet!“

Er nahm seinen Hut und schwenkte ihn über dem Kopf.

„Haha!“ machte er, und Halla einen Satz! Zuerst verschwand Rubber-Duck im Mais, dann sein Arm und schließlich konnten wir auch seinen Hut nicht mehr sehen. Dafür sahen wir Halla, das heißt, die Spur die sie ins Feld pflügte, auf uns zukommen. Links von uns brach sie aus den Stauden hervor und ging im Galopp über den Weg.

Manchmal sollte man wirklich besser überlegen, was man tut - aber ich bin für schnelles Handeln bekannt! Ich nahm Florian auf der Hinterhand herum und verfolgte Halla. Ich hatte nur zwei Dinge nicht bedacht: erstens wollte Florian immer und zu jeder Zeit Erster sein - und zweitens reichten meine Reitkünste für dererlei waghalsige Aktionen bei weitem nicht aus!

Nach wenigen Sekunden hatte ich Halla eingeholt, dirigierte Florian neben sie und wollte nach ihren Zügeln greifen. Doch Florian dachte gar nicht daran sein Tempo zu verringern und an Hallas anzupassen. Blitzschnell waren wir an Halla vorüber und brausten durch die Prärie!

Ich nahm die Zügel so kurz ich konnte und versuchte mein Gewicht nach hinten zu verlagern.

„Hoooh!“ rief ich, „Hoohhooo!“

Florian galoppierte munter weiter! Es schien ihm Spaß zu machen. Das Ende des Feldweges kam immer näher. Dahinter ging es zwei Meter tief eine Böschung hinab.

„Hooh, Florian...., Hooohh!“

Florian wurde immer länger. In meiner Verzweiflung zog ich die Zügel zurück, bis sich sein Hals bog und seine Nüstern fast seine Brust berührten. Er schnaubte und schüttelte den Kopf - langsamer wurde er nicht. Da schossen mir Ducks Worte durch den Kopf. Mit aller Kraft leitete ich also Florian um!

Rechts von uns lag ein abgeernteter Acker. Florian war es egal. Hauptsache er konnte rennen! Anscheinend war der Acker jedoch zu kurz. Schon kam das Ende in Sicht; dahinter noch ein Maisfeld! Rechtskurve und weiter!

Mein Hut wurde mir vom Kopf geblasen. In der Breite war der Acker noch kürzer. Rechts herum und weiter! Wir näherten uns wieder dem Feldweg. Und der Böschung. Nochmals rechts um! Jetzt wurde mir doch etwas mulmig, sollte das denn nie enden? Florian rannte als ginge es um sein Leben. Ich zitterte um meines!

Endlich - endlich spürte ich wie er langsamer wurde.

„Hoo!“ rief ich und bracht ihn zum Stillstand. Brav stand er da und tat als sei nichts gewesen!

Im Schritt gingen wir zu den anderen, die sich am Rand des Feldes versammelt hatten. Elly hatte Halla inzwischen eingefangen und Duck saß schon wieder drauf, und grinste wie üblich. Herb ein echter Offizier und Gentleman zeigte keine Regung. Er tat als hätte er nichts gesehen. Vielleicht hatte er auch nicht.

Ich stieg ab, gab Elly die Zügel und ging um meinen Hut zu holen. Es war ein ganz schöner Weg. Vorhin war mir der Acker sehr viel kleiner vorgekommen. Ich setzte den Hut auf, kehrte zur Gruppe zurück und schwang mich in den Sattel.

„Das war ja eine richtige Stampede, Waco!“ meinte Rubber-Duck und entsprechend des alten Westernbrauches, Orte nach den Geschehnissen die auf ihnen passierten zu benennen, hatte der Platz seinen Namen weg: 'Wacos-Stampede'.

Horror-Herb sagte, er werde die Eintragung in die Vereinslandkarte, nach unserer Rückkehr unverzüglich vornehmen.

Im Schritt ging es nun auf einem Feldweg weiter auf unser Ziel zu. Um ein neuerliches 'Umleiten' Hallas zu vermeiden, hatten wir die Reihenfolge etwas geändert. Sie ging jetzt hinter Florian und vor Sebastian. Biana machte den Schluß. Nach etwa einer Viertelstunde hatten wir unser Ziel in Sichtweite. Wir konnten schon die Autos unserer Vereinskameraden auf dem Parkplatz der Gastwirtschaft erkennen, die wir besuchen wollten.

Vielleicht war es die Vorfreude auf ein kühles Getränk oder die Erleichterung über das absehbare Ende des Rittes, die unsere Aufmerksamkeit etwas nachlassen ließ, jedenfalls lief Sebastian von hinten auf Halla auf! Halla begann nervös zu tänzeln. Duck reagierte blitzschnell und routiniert! Er nahm die Füße aus den Steigbügeln, ließ die Zügel los und machte sich rund. Halla bockte nur einmal - es sah aus als wäre Duck freiwillig gesprungen! (Was er hinterher aber immer leugnete.)

Immerhin ging es an dieser Seite des Weges fast anderthalb Meter tief in einen nassen Graben hinab. Er landete auf dem Bauch an der Böschung, seine Beine hingen bis zu den Knien im Wasser.

„Uff!“ machte er und stemmte sich in die Höhe. Er tastete nach seinem Hut, der auf dem Kopf geblieben war, fuhr mit beiden Händen die Umrisse seines Körpers nach und grinste: „Alles noch dran!“

Als er aus dem Graben stieg und auf Halla zuging, die von Elly gehalten worden war, quietschte das Wasser in seinen Stiefeln. Er blieb stehen, bückte sich und zog den rechten Stiefel aus. Ein Schwall Wasser ergoss sich auf den Weg. Den linken hatte er halb vom Fuß, da zögerte er.

„Da ist was drin! Da hat sich was bewegt!“ sagte er und machte ein skeptisches Gesicht. Vorsichtig setzte er sich auf den Boden und versuchte den Stiefel ganz auszuziehen.

„Vielleicht hast Du einen Fisch gefangen!“ frotzelte Herb.

„Oder eine Ringelnatter!“ setzte ich eins drauf. „Ich hab Dir schon immer gesagt, die Hosenbeine gehören über die Stiefel.“

Duck werkelte weiter an seiner Fußbekleidung, und Stück für Stück bekam er den Stiefel ab. Er hielt ihn mit beiden Händen auf Armeslänge vor sein Gesicht, und neigte ihn langsam zu sich hin, um hinein zu sehen.

„Waahh!“ rief Elly und Duck warf den Stiefel weg! (Duck hatte auch Angst vor kleinen Hunden.) Der Stiefel lag etwa zwei Meter vor Duck, flach auf dem Boden. Das Wasser war heraus gelaufen. Mitten in der kleinen Pfütze saß ein gelbgrünes Tier, das große Ähnlichkeit mit einem Frosch hatte. Wahrscheinlich war es einer.

„Quaaak!“ sagte es und sprang Richtung Graben.

„So ein Quark!“ rief Duck im allgemeinen Gelächter und zog seine Stiefel wieder an.

Während des restlichen Weges, den wir ohne weitere Zwischenfälle hinter uns brachten, berieten wir über den Namen, den dieser Ort erhalten sollte. Schließlich einigten wir uns auf 'Ducks-Flat-Landing' - wegen der unnachahmlichen Eleganz seiner Bauchlandung.

Gutgelaunt erreichten wir die Gaststätte, wo wir mit großem Hallo empfangen wurden. Schon beim Versorgen der Pferde wurden wir mit Fragen bestürmt und mussten berichten. Später, beim gemütlichen Teil des Treffens, beschlossen wir, in Zukunft noch mehr solche Aktionen zu unternehmen, um die weißen Flecken auf unserer Landkarte bald zu füllen.

*

Kehren

Wissen Sie, welche Arbeit beim Betrieb einer Pferdepension am häufigsten anfällt?

Kehren! Kehren oder fegen - Schmutz wegmachen!

Wissen Sie, wer diese Arbeit ausführt? Immer der, der gerade nichts anderes zu tun hat. Ich!

Wenn die Reiter ihre Pferde satteln, muss ich meine Bauarbeiten oft für einige Zeit unterbrechen um Gefährdungen oder Unfälle zu vermeiden. Dann stehe ich mit dem Werkzeug in der Hand in der Tür und sehe den Leuten zu. Und schon hat mich einer erspäht!

„Ach, Roland! Du hast gerade nichts zu tun. Könntest du bitte mal die Rossballen vom Putzplatz entfernen? Sonst kommen wir hier nie weg!"

Nun könnte man einwenden, jeder sei für seinen Mist selbst verantwortlich, aber ich will ja mit meiner Arbeit weiterkommen, und dazu müssen die Pferde und Reiter vom Hof. Also greife ich zu Besen und Schaufel!

Kaum hat der letzte Reiter nebst Pferd den Platz verlassen, kommt der erste vom Ausritt zurück. Ich unterbreche meine Arbeit und stehe mit dem Werkzeug in der Hand in der Tür und sehe zu.

„Hallo, Roland! Du hast gerade nichts anderes zu tun, könntest du bitte..."

Nun ist es ja nicht so, dass Kehren eine stupide Arbeit ist - ganz im Gegenteil! Dabei kommen mir oft Gedanken und Erkenntnisse, die ich sonst nicht hätte. Zum Beispiel über Erosion. Unser Stallgebäude hat eine Straßen- und eine Koppelseite. Von der asfaltierten Straße führen Beton- oder Pflasterwege zu den drei Eingängen. Die Koppelseite hat auch drei Eingänge, deren Zugangswege unbefestigt sind.

Im Laufe der Zeit bemerkte ich ein eigenartiges Phänomen: Wie bei einer Wanderdüne in der Sahara, verteilte sich der Schmutz von der Rückseite zur Front des Gebäudes. Täglich kehre ich die Wege und Eingänge und erhalte drei Schaufeln Kehricht. Ich trage den Schmutz zur Rückseite des Gebäudes und kippe ihn auf einen Haufen. Zwei Kilo pro Schaufel. Jeden Tag.

Bei dreihundertfünfundsechzig Tagen im Jahr ergibt das ca. 2190 Kilogramm Erde, Sand und kleine Steine. Bei 15

Personen, die regelmäßig im Stall anwesend sind, entfallen auf jeden einzelnen 146 Kilo, die er durch den ganzen Stall schleppen muss!

Dabei scheint ihnen das gar nichts auszumachen. Aber wehe ich bitte einmal um Mithilfe beim Transport von 30 Säcken Zement durch den Stall! Da bräuchte jeder nur zwei mal 25 kg zu tragen - doch das ist den meisten zu schwer!

Der Haufen hinter dem Stall hat mittlerweile die stattliche Größe von einem Kubikmeter erreicht. Ein Kubikmeter entspricht bekanntlich einem Würfel von einem Meter Kantenlänge. Verunsichert suche ich nun nach dem Loch, das entstanden sein muss, um es zu zuschütten damit niemand hinein fällt.

Ganz im Ernst: Ich mache mir Gedanken ob eine Gefährdung für das Gebäude besteht. Ein jährlicher Abtrag von einem Kubikmeter auf einer Fläche von ca. 15 mal 4 Metern entspricht einer Tiefe von etwa 1,7 cm. Weil Fundamente meist nur 80 cm tief gegründet sind, dürften sie in 47 Jahren völlig freiliegen! Da ich die Gefahr nun erkannt habe, habe ich beschlossen, die hintere Hoffläche zu betonieren. Eine 15 cm dicke Betonschicht müßte - wie mir Fachleute bestätigten - völlig ausreichen.

Wenn sich der Abtrag mit der gleichen Geschwindigkeit fortsetzt, kann ich in acht Jahren und neuneinhalb Monaten den Beton aufbringen. Ohne einen einzigen Spatenstich zu machen! Dann haben wir auch hinter dem Stall eine schöne, saubere Fläche.

Raten Sie mal, wer die kehrt!

Verständigung

Pferde sind, wie bereits mehrfach erwähnt, intelligente Tiere. Sie sind lernfähig und sprechen bzw. verstehen mehrere Sprachen.

Seitdem drei unserer Reiter ihre Pferde zur Westernausbildung gegeben haben, hört man an manchen Tagen nur noch englische Kommandos. Wollte man früher ein Pferd zum Rückwärtsgehen bewegen, rief man einfach: „Zuuuu-rück!“

Das geht nun natürlich nicht mehr - man reitet ja Western und da heißt das jetzt:

„Bää-äck!“

Um den Huf, pardon, den 'Horseshoe' zu säubern, sagte man früher:

„Fuß!“ heute sagt man: „Leggg!“ und meint dasselbe.

Den Reitern macht es Freude und den Pferden nichts aus.

*

Cora

Cora (möge sie im Pferdehimmel freudig wiehern!) war das Lieblingspferd von Elly.

Sie war eine rotbraune Stute mit drei weißen Fesseln. Der vierte Fuß war naturfarben belassen, sozusagen tarnfarben, damit man ihn nicht kommen sah! Diesen einen Fuß gebrauchte Cora mit Vorliebe zum Treten, nachdem sie mit dem anderen einen Tritt angedeutet hatte.

Cora war - im Prinzip - ein liebes Pferd! Jedenfalls sagte Elly das immer. Elly kam mit Cora auch gut zurecht. Cora kam auch mit Elly gut zurecht. Eigentlich kam Cora mit allen gut zurecht. Mir ist kein Fall bekannt, wo Cora es nicht geschafft hätte, einem Menschen ihren Willen begreiflich zu machen!

Eines schönen Tages war ich wieder einmal mit dem Fegen des Hofes beschäftigt. Elly hatte gerade die Außenboxen gemistet. Cora stand am Hoftor, ca. 30 m von mir entfernt, und beobachtete den Straßenverkehr. Ich kehrte vor ihrer Box, den Rücken der Straße zugewandt. Wie immer beim Kehren, war ich in philosophische Betrachtungen versunken. Das Thema war, glaube ich, 'der Sinn immer wiederkehrender Tätigkeiten' oder so.

Ich fege also in tiefer Meditation, weil erstens in diesem Zustand die besten Erkenntnisse zu erlangen sind und zweitens die Zeit stillzustehen scheint, so dass ich nicht merke wie lange ich zum Fegen brauche.

Kurz gesagt: Ich bin ganz weit weg. In mir höre ich den Rhythmus des, den Boden streifenden, Besens:

„Schwhhh...schwwhh....schwwhhhh.....“

„Schwhhh... schwhh... tapp... schwhhh... tapp... tapp.. schwwhhh... tapp... terapp... terappp... schwwhh... galoppel... galoppel!“

Blitzartig bin ich wieder da! Ein Blick über die Schulter. Ich schwöre: So wie sie da auf mich zurennt - sie hat

Rauch vor den Nüstern und Blitze kommen aus ihren Augen!

Ich werfe den Besen weg und mich in die Lücke zwischen Hasenstall und Pferdebox. Hinter mir donnert es vorbei!

Als ich mich wieder aufrappele und vorsichtig den Kopf ins Freie stecke, sehe ich Cora ein paar Meter weiter stehen. Stolz wirft sie ihren Kopf hoch und wiehert. Ihre Augen, in denen viel Weiß zu sehen ist, scheinen zu sagen: So geht das! Warte nur, ich krieg` dich noch!

Als ich gerade voller Wut den Besen nehmen will um mich für die freundliche Auflockerung der Arbeit zu bedanken, geht sie in ihre Box, macht kehrt und schaut heraus.

Andererseits war Cora eine prächtige Leitstute unserer kleinen Herde. Sie hielt Ordnung und Disziplin aufrecht. Dazu nahm sie jeden Neuankömmling unter ihre Fittiche, zeigte ihm wer der Boß ist, wann und was er zu fressen hat und reichte ihn dann zur Erprobung an ihren Stellvertreter weiter. Wenn der oder die Neue dann die ganze Hackordnung kennen und respektieren gelernt hatte, herrschte Frieden.

Ja, besonders auf die genaue Einhaltung der Hack - beziehungsweise Rangordnung legte Cora großen Wert! Ihre Rangordnung war klar und einfach gegliedert: Sie stand an der Spitze und über ihr kam - wenn überhaupt - nur noch der Himmel. Alle anderen Lebensformen, wie etwa Elly, Reiter, Pfleger, Besucher und Hunde, wurden - in dieser Reihenfolge - gnädig toleriert.

Oder auch nicht!

Jedenfalls entwickelte sich im Laufe der Zeit, eine Art Waffenstillstand und eine allgemein akzeptierte Form der Koexistenz:

Wenn Cora sich im Hof aufhielt, blieben die Leute im Stall - und umgekehrt!

*

Pferdeweihe

Der Höhepunkt der reiterlichen Aktivitäten in unserem Stall, ist der jährliche Ausflug aller Reiter mit ihren Pferden, zu einem weiter entfernten Ziel.

Dieses Jahr war ein Besuch der Pferdeweihe in Bärenstrauch geplant. Bärenstrauch, idyllisch in den Hügeln der Fränkischen Schweiz gelegen, ist etwa 25 Kilometer von uns entfernt; genau die richtige Strecke für einen gemütlichen Tagesritt.

Vier Wochen vor dem großen Tag begannen wir mit der Vorbereitung. Um eine Horde, pardon, Herde von 16 Pferden mit ihren Reitern, ohne größere Unannehmlichkeiten 25 Kilometer durch dichtbesiedeltes Gebiet zu bewegen, ist eine genaue Planung der Route notwendig.

So wurden Landkarten jeglichen Maßstabs zu Rate gezogen, Atlanten gewälzt und der Verkehrsfunk abgehört. Teilbereiche der Strecke, meist die ersten zwei Kilometer vom Stall, wurden abgeritten und inspiziert. Da der Termin gerade auf den Pfingstsonntag fiel, musste auch der Urlaubs- und Ausflugsverkehr mit ins Kalkül gezogen werden.

Es entstand, erst in den Köpfen, dann auf der Landkarte, langsam ein dichtes Geflecht möglicher Routen. Ausweichstrecken wurden - farblich abgesetzt - eingeplant. Rastplätze und eventuell notwendige Versorgungsstellen ergänzten die Eintragungen.

Als drei Tage vor Pfingsten die Planung abgeschlossen war, meldete der Wetterbericht Gewitter mit Hagel und Sturm für das Wochenende. Was tun?

Nun, wer die Fränkische Schweiz kennt, weiß, dass ihre Gewitter meist lokal begrenzt sind. Während an einer Stelle taubeneigroße Hagelschlossen jeglichen Bewuchs niederschlagen, kann das Feld des Nachbarbauern völlig unversehrt im Sonnenschein liegen! Der Ausspruch:

„Wous halt hiegeht!“ kündet davon.

Also beschlossen wir, das Pferdefest auf jeden Fall zu besuchen. Lediglich der Ritt über den längsten Teil der Strecke sollte durch LKW-Transport ersetzt werden.

In unserem Bekanntenkreis gibt es drei Pferdetransport - LKW. Der für uns am besten geeignete, ein 40t Sattelzug mit 460 PS, war leider nicht verfügbar, weil der Sohn des Besitzers seinen Alimentenzahlungen im östlichen Ausland wieder einmal nicht nachgekommen war und deshalb Sohn und LKW bei der Einreise, zur Sicherheit beschlagnahmt wurden.

Der nächstbessere Transporter war seit Februar TÜV-fällig. Das Risiko war uns zu groß. So blieb nur noch das

Fahrzeug unseres Hufschmiedes, ein Siebenkommafünftonner mit Kastenaufbau und immerhin 130 PS. Er bot Platz für vier Großpferde, einen Fahrer und zwei Beifahrer. Außerdem hatten wir noch einen Transportanhänger für zwei Pferde zur Verfügung.

Also, frisch ans Werk - die ganze Planung noch einmal von vorne: 16 Pferde geteilt durch sechs mögliche Stellplätze mal 25 km plus jeweils 25 km Rückweg über enge, gewundene Sträßchen, ist gleich rechtzeitige Ankunft am Treffpunkt minus der Anzahl der sich verfahrenden Reiter hoch zwei plus Nervenzusammenbruch meinerseits!

Als die Planung soweit gediehen war, entschlossen sich fünf Reiter, nun doch die gesamte Strecke zu Pferd zu bewältigen. Vor lauter Freude darüber bekam ich feuchte Augen!

Neue Rechnung: Elf Pferde geteilt durch... Unter Zuhilfenahme eines Taschenrechners und neuester wissenschaftlicher Analysemethoden sowie meiner zehn Finger errechnete ich den endgültigen Fahrplan.

Es schien, als könne es klappen!

Am nächsten Tag, es war der Samstag vor Pfingsten, machte sich die Gruppe der Mutigen auf den Weg. Drei Kilometer vor Bärenstrauch übernachteten sie in der Scheune einer Landgaststätte. Dort wollten wir am Sonntag vormittag mit den restlichen Pferden eintreffen, damit das letzte Stück des Weges gemeinsam geritten werden konnte.

Meine Frau holte am Samstag nachmittag den LKW, ich einige Kisten Getränke. Es lief alles nach Plan. Am

Abend sprachen wir noch einmal alles durch und ließen uns bestätigen, dass jeder den Weg nach Bärenstrauch finden würde. Beruhigt gingen wir zu Bett.

Pfingstsonntag, fünf Uhr. Ich lag seit einer Stunde wach im Bett und wartete auf das Klingeln des Weckers. Nicht, dass ich aufgeregt gewesen wäre - nein - ich überprüfe immer auf diese Weise, ob der Wecker auch wirklich läutet.

Fünf Uhr dreißig, der Wecker klingelt. Zufrieden lege ich mich ins Kissen zurück und schließe die Augen. Gleich wird Elly aufstehen und Kaffee machen.

Sechs Uhr fünfzehn, ich öffne die Augen und springe aus dem Bett. Elly schnarcht!

„Liebling, aufstehen! Du hast verschlafen!“ rufe ich und laufe in die Küche. Kaffee aufsetzen, Tassen aus dem Schrank, Zuckerdose auf den Tisch (wir trinken Kaffee immer schwarz und süß), alles läuft wie geschmiert.

„Elly, kommst du?“

„Gleich!“

Der Kaffee ist fertig.

„Elly, wir sind eh´ schon spät. Bitte komm jetzt!“

„Jaaa“

Ich habe meine Tasse ausgetrunken und gehe ins Bad. Zähneputzen, rasieren, duschen und... na ja, das kennen Sie ja alles selbst.

„Elly! Jetzt komm aber endlich! Es ist schon halb Sieben!“

„Ich komme ja schon!“

Elly kommt. Ihr Kaffee ist mittlerweile lauwarm, wie sie ihn am liebsten mag. Ich glaube ja, sie mag ihn nur deshalb lauwarm, weil sie morgens nicht aus dem Bett kommt und zu bequem ist, ihn noch mal aufzuwärmen.

Punkt Sieben Uhr haben wir unser morgendliches Ernährungs- und Körperpflegeprogramm beendet und gehen hinunter in den Stall. Während Elly die Pferde versorgt, gehe ich noch einmal die Liste der mitzunehmenden Gegenstände durch und denke voller Neid, dass es Menschen geben soll, die Sonntags bis neun Uhr im Bett liegen. Viel Zeit kann ich mit solchen Gedanken jedoch nicht verschwenden, weil für acht Uhr die erste Abfahrt des LKW geplant ist.

Nach und nach treffen die Pferdebesitzer ein, um ihre Tiere zu verladen. Das Verladen von Pferden ist eigentlich eine einfache Sache: Man führt das Pferd über die Rampe in den LKW oder den Hänger und bindet es fest. Das liest sich ganz leicht, doch da Pferde nicht lesen können, geht es in der Praxis oft anders zu. Irgendwie ahnt das liebe Tier, dass etwas Außergewöhnliches geschieht. Mit angelegten Ohren versucht es dem dunklen Schlund zu entkommen, der es verschlingen will!

Pferde sind bekanntlich während ihrer jahrmillionenlangen Evolution immer Prärie- und Steppenbewohner gewesen. Deshalb kennen sie keine dunklen Höhlen als Heimstatt und fürchten sich davor. Vielleicht sagt ihnen auch ihre Arterinnerung, dass der Bär darin wohnt und sie haben Angst.

Wie dem auch sei - jedenfalls gibt es Pferde, die nicht

freiwillig in den Transporter gehen. Mit allerlei Tricks, gutem Zureden, Locken mit Möhrchen oder - wenn gar nichts mehr hilft - mit körperlichem Einsatz, werden die Tiere dann eines nach dem anderen in den LKW bugsiert. Normalerweise ist das Verladen Sache des Pferdebesitzers. Meist muss jedoch Elly energisch eingreifen, weil sonst der Tag vorüber wäre, bevor das letzte Pferd im Kasten ist.

So auch bei Domina, der Salz-und-Pfefferstute Miriams. Miriam führt Domina eng an die Rampe heran. Miriam geht hinauf, Domina bleibt stehen.

„Domi, komm!“ Domi steht.

„Na los jetzt, Domi!! Stell dich nicht so an!“

Domi stellt sich nicht an, sondern stur! Nur ihre Ohren zucken. Miriam zieht am Führstrick. Domis Hals wird länger. Ihre Beine bewegen sich. Auf und ab! Nervös tänzelt sie vor der Rampe. Miriams Kraft läßt nach und Domina geht rückwärts! Zweiter Versuch. Miriam führt ihr Pferd einige Meter vom LKW weg und wendet. Im Trab läuft sie auf die Rampe zu und kommt auch gut hinauf. So weit der Führstrick reicht. Ein Ruck - Domi steht! Miriam hängt am Strick und kann sich gerade noch vor einem Sturz bewahren.

„Domi! Du sture Kuh! Komm jetzt auf die Rampe!“

Elly nimmt Domis linkes Vorderbein und stellt den Huf auf die erste Sprosse der Rampe. Miriam zieht, so fest sie kann. Domi schwitzt. Miriam auch. Elly nimmt den rechten Fuß und stellt ihn auf die Rampe. Domi wird länger und krätscht. Sie steht mit den Vorderbeinen auf der Rampe und stemmt sich dagegen. Jetzt hebt Elly

Domis rechtes Hinterbein, Miriam zieht, Domina zittert und schwitzt. Wieder ein halber Meter! Dasselbe Spiel mit dem linken Hinterbein. Domina steht jetzt mit vier Beinen auf der Rampe und Miriam im Laderaum des LKW.

„Miriam, zieh!“ ruft Elly und schiebt. Doch Miriram hat keine Kraft mehr und Domina kommt rückwärts die Rampe herunter. Elly springt zur Seite und wird wütend!

„Zum Kuckuck! So was Blödes!“ entfährt es ihr.

„Dann eben anders!“

Sie läuft in den Stall und kommt mit einer Longierleine zurück. Die Leine wird in die Klappe des LKW eingehängt und um das Pferd herum geführt. Straff spannt sie sich um Domis Hinterteil. Ich springe hinzu und zu dritt ziehen wir Domina die Rampe hinauf. Miriam schwitzt und zittert, als sie ihr Pferd festbindet.

Domina auch!

Die anderen Pferde lassen sich ganz brav hineinführen und anbinden. Als das letzte Pferd verladen ist, schließen wir die Klappe. Es kann losgehen.

Ich fahre mit dem LKW voraus, Elly folgt mit unserem Auto mit Hänger. Langsam und gemütlich fahre ich die kurvenreiche, hügelige Strecke entlang. Sie führt uns durch den bekannten Luftkurort Kaiserfels. Die Leute am Straßenrand gucken uns interessiert nach. Ein LKW am Pfingstsonntag?

Nach etwa zwanzig Minuten erreichen wir unser Ziel, die Landgaststätte. Mit Hallo findet die Begrüßung statt. Während wir die Pferde ausladen, versammeln sich langsam alle Reiter um die Vorhut, die bereits gestern hier eintraf. Einige zeigen in ihren Gesichtern deutliche Spuren einer langen Nacht. Es muss ganz schön feuchtfröhlich zugegangen sein!

Hoffentlich haben wenigstens die Pferde ausgeschlafen, denke ich mir, während ich die Klappe schließe. Wir liegen noch immer gut im Zeitplan und ich fahre gemächlich die Strecke zurück um die restlichen Pferde zu holen.

Das Einladen klappt diesmal ohne Schwierigkeiten und wir können gleich wieder los. Zum drittenmal an diesem Tag rumpelt der LKW über die holperigen Kopfsteinpflaster in Kaiserfels. Die Leute gucken.

Als wir ankommen haben die Reiter der ersten Gruppe ihre Pferde bereits gesattelt und die zweite Gruppe beeilt sich, es ihnen gleichzutun. Ich lasse den LKW stehen und fahre mit Siggis Auto und Hänger voraus um die benötigten Tränk- und Futtereimer, Vorräte und die Erste-Hilfe-Trage zum Festplatz zu bringen. Elly folgt mit unserem Wagen und den Ponies im Pferdehänger. Beim Festplatz parken wir ordentlich nebeneinander, auf der dafür vorgesehenen Fläche und beginnen auszuladen.

Der Festplatz ist auf einer großen Wiese eingerichtet und im Stil einer Koppel mit Holzstangen eingezäunt. Rundherum stehen Anbindestangen für die Pferde bereit. An der Längsseite des Platzes befindet sich eine Tribüne für die Ehrengäste und den katholischen Pfarrer, der die Pferdeweihe durchführen wird. Ein offenes Bierzelt und einige Grill- und Verkaufsstände stehen an der Schmalseite. Neben der Tribüne parkt ein LKW-Anhänger auf dem die Musikkapelle später spielen soll.

Während Elly und ich die letzten Wassereimer füllen und entlang der Haltestangen aufstellen, kommen auch schon unsere Reiter. Die Stimmung ist gut, das Wetter auch und so fliegen während des Pferdeversorgens schon die ersten Scherze hin und her und es wird gelacht.

Nachdem meine Arbeit nun getan ist, verspüre ich etwas Hunger und Durst und begebe mich zum Bierzelt. Dort sitzt bereits Stefan und kaut munter an einem Schaschlik mit Pommes-Frites. Stefan ist 13 Jahre alt und reitet unseren Freddy, weil der kräftig ist und ihn auch tragen kann.

Ich setze mich zu ihm und bestelle mir ein Radler. Das Zelt wird langsam voller. Stefan hat aufgegessen und geht nach den Pferden schauen. Ich bleibe noch etwas und sehe mich um. Der Ausblick ist hervorragend!

Viele hübsche Reiterinnen und Mädchen sind da und den Festplatz kann ich auch gut überblicken. Trotzdem reiße ich mich los und gehe zu den Grillständen um etwas zu essen. Dort treffe ich Stefan der gerade in ein Bratwurstbrötchen beißt. Ich kaufe mir ein Lachsbrötchen und schlendere zum Anbindeplatz zurück um Elly bei der Pferdewache abzulösen. Bis zum Beginn des Festes, dem feierlichen Einreiten in den Festplatz und der anschließenden Pferdeweihe ist noch etwa eine halbe Stunde Zeit.

Silke kommt mit ihrem Fotoapparat zu mir.

„Du, Roland, könntest du nachher einige Bilder machen? Ich muss ja reiten."

„Gerne", antworte ich „wenn du mir zeigst wie das Ding

funktioniert.“

Silke erklärt mir die Funktion ihres sündhaft teuren, vollautomatischen Geräts und meint:

„Die besten Bilder kriegst du, wenn du irgendwo rauf kletterst. Aber wenn du runterfällst, pass bitte auf, dass der Kamera nichts passiert!“

Um in Übung zu kommen, mache ich erst einmal einige Probebilder: Die hübsche Blondine bei dem Rappwallach, die wasserstoffblonde Spanischreiterin am anderen Ende des Festplatzes, die Rothaarige auf dem Schimmel und - zur Tarnung - ein Friesengespann, banne ich aufs Zelluloid. Der Umgang mit der Kamera ist wirklich kinderleicht! Mit dem einen Knöpfchen bediene ich den Zoom und schon habe ich eine schwarzhaarige Schönheit, die vielleicht 50 Meter von mir entfernt auf der anderen Seite des Festplatzes steht, formatfüllend im Sucher. Mit dem anderen Knöpfchen löse ich aus und schon habe ich sie auf dem Foto! Sicherheitshalber fotografiere ich so, dass noch der halbe Kopf ihres Pferdes mit auf dem Bild ist. Nachher kann ich sagen, dass ich ja noch geübt habe.

Die Reiter versammeln sich jetzt auf dem Platz. Der Einritt soll gleich stattfinden. Etwa 90 Pferde mit ihren Reitern stellen sich auf. Ein schöner Anblick!

In einer Reihe nebeneinander stehen die Pferde; vom Anfang der Anbindestangen, bis zu der Gruppe vor uns. Dann folgt ein wüstes Knäuel von Pferdeleibern und fluchenden Reitern, deren Nachbarn nicht in der Lage zu sein scheinen, ihre Pferde ruhig zu halten! Rings um unsere Gruppe hat sich schnell ein etwa zehn Meter breiter Sicherheitsstreifen gebildet.

Nach einiger Zeit beruhigt sich die Situation und alle haben ihre Pferde mit dem Kopf nach vorne ausgerichtet. Ich wische mir den Schweiß von der Stirn und komme hinter dem Gebüsch hervor, hinter dem ich mich versteckt habe damit niemand auf die Idee kommt, ich gehörte womöglich dazu!

Einer nach dem anderen, setzt sich die Schlange jetzt in Bewegung; durch das Tor, an der Tribüne und dem Pfarrer vorbei, über den Festplatz und um das kleine Wäldchen herum zurück zum Anbinden. Vor dem Pfarrer verhalten die meisten kurz, blicken ihn an, empfangen den Segen und reiten im Schritt weiter.

Als die ersten zehn unserer Gruppe die Weihe hinter sich gebracht haben, ohne dass jemand vom Pferd fiel, oder der Pfarrer gebissen wurde, beginne ich mich zu entspannen. Beim zwölften verspüre ich leichten Stolz und Freude und als der letzte den Festplatz verläßt, bin ich glücklich! Schließlich sind die meisten unserer Reiter ja noch Anfänger und haben nicht mehr als ein- bis zweihundert Stunden im Sattel verbracht!

Ich gehe zum Getränkeausschank um einige Erfrischungen zu besorgen. Dabei komme ich an der Käsetheke vorbei und treffe Stefan, der gerade ein Emmentalerbrötchen ißt. Mit zwei Maßkrügen in jeder Hand bahne ich mir den Rückweg zum Anbindeplatz, wo inzwischen alle eingetroffen sind und ihre Pferde versorgen. Die Krüge gehen herum und jeder nimmt einen mehr oder weniger tiefen Schluck. Nur Gudrun läßt erst ihren Pedro vom Bier trinken. Danach hat sie den Krug für sich allein!

Jetzt ist eine kurze Pause angesagt; die Musik spielt auf,

danach kommen die einzelnen Vorführungen. Eine bunte Show verschiedener Pferde- und Reitdarbietungen steht auf dem Programm. Von Westernreiten auf Quarterhorses bis Rückearbeiten mit schweren Kaltblütern ist alles geboten.

Zum ersten Wettbewerb des Tages haben sich alle Reiter unseres Stalles gemeldet. Ringstechen heißt diese Aufgabe. Dabei muss mit einer Lanze, die in einer Hand gehalten wird, ein Ring von einem Galgen gestochen werden. Wenn der Ring über die Lanze rutscht und daran hängen bleibt, gibt es einen Punkt. Das ist nicht ganz so einfach wie es sich anhört, weil man dabei auf dem Pferd sitzen und sich vorwärts bewegen muss!

Da die Wettbewerbe nicht in der Einladung zum Fest beschrieben waren, konnte auch niemand dafür üben. So kommt es auf dem Vorplatz zu einigen hektischen Szenen, als ein paar Reiter ihr Pferd schnell noch an die lange Holzstange gewöhnen wollen.

Aus den Augenwinkeln sehe ich Miriam auf Domina im Galopp über den Platz fegen. Sie kann sich scheinbar nicht entscheiden, ob sie lieber die Stange oder sich selbst festhalten soll! Bis ich die Kamera vors Auge heben und abdrücken kann, ist Domina stehengeblieben. Die Stange fliegt durch die Luft und Miriam liegt mit ihrem Bauch auf Dominas Kopf, die Beine fest um ihren Hals geschlungen! Domi beugt den Kopf zur Erde...

Glücklicherweise hat die Stange keinen getroffen und auch Miriam erhebt sich; zwar schmutzig - aber unverletzt!

Etwas weiter entfernt probt ein Reiter aus einer anderen

Gruppe. Irgendwie scheint er die Stange zu weit hinten gefasst zu haben, denn sie neigt sich immer weiter nach unten und spießt sich in den Boden. Es sieht fast aus wie ein Stabhochsprung! Nur, dass bei der Landung keine Schaumstoffmatte den Aufprall dämpft! Doch auch er steht wieder auf und geht zu seinem Pferd.

Der Wettkampf beginnt. Mit sehr gemischten Gefühlen beobachte ich den Verlauf. Aber es geht alles gut und am Ende haben wir vierzehn Ringe Stadtwurst gewonnen - für jeden gestochenen Ring einen! Die Stimmung steigt und es werden bereits Wetten abgeschlossen, wer den nächsten Wettkampf gewinnt.

Der Sprecher verkündet eine Pause, damit die Hindernisse für das Springturnier aufgestellt werden können. Wir gehen zum Zelt um uns etwas auszuruhen. Stefan bestellt sich eine Portion Pommes weiß-rot.

Langsam beginnt sich das Wetter zu verschlechtern. Dicke dunkle Wolken bilden sich. In der Ferne ist leises Gewittergrollen zu hören und der Wind frischt auf. Eine kurze Besprechung ergibt, dass wir sicherheitshalber den Rückritt etwas früher antreten, um trocken nach hause zu kommen.

Elly und ich beginnen die Gerätschaften einzusammeln, während die anderen noch auf das Springturnier warten. Ich laufe zum Parkplatz.

Als wir ankamen, waren nur zwei oder drei Autos da. Jetzt steht der ganze Platz voll. Natürlich haben die nach uns Gekommenen in ordentlichen Reihen geparkt. Nur haben sie dabei unsere Anhänger übersehen, sodass es jetzt teuflisch eng ist! Ich steige in Siggis Wagen und schätze den Abstand zu unserem Auto. Es könnte gerade noch so gehen! Langsam, mit schleifender Kupplung, fahre ich los. Ein Blick nach rechts in den Außenspiegel - es geht noch. Weiter, ganz vorsichtig!

Wenn ich in einem Zug in die Fahrgasse einbiegen will - und das muss ich, denn an rangieren ist in dieser Enge nicht zu denken - muss ich jetzt voll einschlagen. Im Außenspiegel erkenne ich die obere Hälfte des rechten Hängerrades. Der Abstand zur Stoßstange unseres Autos ist noch deutlich erkennbar. (Sie wissen ja, dass durch die Verkleinerung im Spiegel...) Als ich den Abstand nicht mehr sehen kann, halte ich an und steige aus. Ich gehe um Siggis Auto und begutachte die Situation.

Zwischen Hängerreifen und Stoßstange sind noch zirka drei Zentimeter Luft! Das Rad ist zu mehr als der Hälfte am Rand der Stoßstange vorbei. Nach den Winkelgesetzen und meinen langjährigen Erfahrungen als Kraftfahrer, müßte sich der Abstand jetzt stetig vergrößern. Ich steige wieder ein.

In der Reihe vor mir haben sich mittlerweile einige Schaulustige versammelt, die mein Tun aufmerksam beobachten. Auf die Idee, mich ein bisschen einzuweisen, kommt keiner.

Ich lege den Gang ein und lasse die Kupplung millimeterweise kommen. Langsam, ganz langsam! Jetzt müßte der Hänger frei sein, schießt es mir durch den Kopf - da gibt es einen Ruck! Irgend etwas hängt!

Ich stelle den Motor ab und steige aus. Das Rad des Anhängers klemmt an der Vorderkante meiner Stoßstange. Plötzlich sind auch die neugierigen Zuschauer da.

„Oh! Sind Sie da wohl ein bisschen angefahren?“ fragt einer.

„Tja, sieht so aus.“ antworte ich und kratze mich am Kopf.

„Da muss man dann den Besitzer des Autos verständigen!“ meint ein anderer, als ich versuche den Anhänger seitlich vom Auto wegzuziehen.

„Das kann man sich in diesem Fall wirklich sparen!“ sage ich.

„Nein! Das muss man! Sonst ist das Fahrerflucht!“

„Vielleicht rufen wir gleich die Polizei, bevor der abhaut!“

„Jetzt aber mal langsam, meine Herren!“ versuche ich zu beschwichtigen, bevor noch einer Militär anfordert. „Erstens: das angefahrene Auto gehört mir. Zweitens: Ich regele die Sache ohne Polizei!“

„Das kann ja jeder behaupten! Wir lassen Sie hier nicht einfach weg!“

Da ich den Hänger nicht von meiner Stoßstange wegbekomme, ist das Gespräch sowieso mehr rhetorisch. Die einzige Möglichkeit ist, mein Auto wegzufahren. Dummerweise hat Elly den Schlüssel in der Tasche. Ich mache also kehrt, um zum Festplatz zurückzulaufen.

„Halt! Sie können doch nicht einfach abhauen!“ ruft mir ein älterer Herr um die siebzig nach.

Langsam werde ich wütend.

„Ich hole jetzt den Schlüssel für mein Auto!“

„Wir warten hier! Und wenn Sie in fünf Minuten nicht zurück sind, rufen wir die Polizei!“

„Jawoll!“

„Genau!“

Jetzt bin ich richtig wütend!

Ich laufe so schnell ich kann zu Elly und lasse mir den Schlüssel geben. Die selbe Strecke zurück!

Keuchend komme ich am Parkplatz an, schließe meinen Wagen auf und starte den Motor. Langsam fahre ich los. Quietschend reibt der Gummi des Hängerreifens über die Stoßstange. Ein kleiner Ruck - und die Verbindung ist gelöst! Ich will das Auto in einer freien Parklücke abstellen, da höre ich: „Jetzt haut er mit dem anderen Wagen ab!“

„Halt!“

„Stehenbleiben!“ ruft der ältere Herr und springt vor meinen Kühler. Im Rückspiegel erkenne ich, wie sich drei oder vier andere Personen nähern und - dass ich ganz grün im Gesicht bin!

Am Himmel ballen sich mittlerweile tiefschwarze Wolkentürme und in meinem Bauch ein Klumpen. Während ich die Scheibe herunterlasse beginnt es zu regnen. Erst ein paar große Tropfen, dann gießt es wie aus Kübeln. Blitzschnell verschwindet der ältere Herr in seinem Fahrzeug. Auch von den anderen ist nichts mehr zu sehen! Ich nutze die Gelegenheit um hier wegzukommen.

Als ich am Anbindeplatz ankomme, hat der

Wolkenbruch bereits aufgehört. Elly beginnt mit dem Beladen und ich laufe zum Parkplatz zurück. Nur der ältere Herr ist noch da.

„Äh, Sie sind wohl doch nicht abgehauen?“

„Doch! Vor Ihnen und Ihrer Bürgerwehr!“ grinse ich ihn an. „Glauben Sie mir nun, dass die Sache ihre Ordnung hat?“

Verlegen kratzt er sich am Kopf und meint: „Naja, irgendwie muss das schon so sein - sonst hätten Sie ja nicht den Schlüssel für das andere Auto gehabt.“

Dankbar nicke ich ihm zu, steige ein und fahre los.

„Aber Ihre Autonummer habe ich mir doch gemerkt!“

Elly hat inzwischen den ersten Hänger beladen und gemeinsam laden wir den Rest ein. Gerade als wir die Klappe schließen, beginnt es wieder zu regnen. Unsere Reiter sind bereits unterwegs zur Gaststätte und wir beeilen uns, um vor ihnen dort anzukommen. Nach wenigen Minuten sind wir da und steigen aus. Nach all dem Streß würde ich mir gerne ein oder zwei Bierchen gönnen, aber noch stehen mir zwei Fahrten mit dem LKW bevor.

Die Reiter treffen nacheinander ein und ich mache ein paar Fotos mit Silkes Kamera. Als alle Pferde abgesattelt und trockengerieben sind, beginnt das Einladen. Ich freue mich schon auf Domis Vorstellung! Doch irgendwie muss der Tag Domi so ermüdet haben, dass sie ohne Sperenzchen in den Wagen geht. Die Pferde sind drin. Klappe zu und los geht´s! Zum vierten Mal an diesem Tag komme ich durch Kaiserfels. Die Leute gucken.

Pferde ausladen und zurück Richtung Bärenstrauch. Kaiserfels grüßt mit einem Spalier guckender Menschen.

Vor der Landgaststätte warten die restlichen Pferde und ihre Reiter. Einige haben schon etwas leuchtende Augen. Halbvolle Biergläser stehen auf den Gartenbänken. Schwungvoll werden die restlichen Pferde verstaut und ich freue mich auf meinen verdienten Feierabend. Die letzte Fuhre!

In Kaiserfels winke ich diesmal freundlich den guckenden Leuten zu. Manche winken zurück. Vielleicht haben sie mich wiedererkannt!

Zuhause angekommen lasse ich es etwas langsamer angehen und die anderen arbeiten. Die Pferde stehen in den Boxen und sind versorgt. Mit einer Flasche Bier in der Hand sitze ich im Hof. Die Sonne durchdringt noch einmal kurz die Wolken und versinkt. Müdigkeit durchdringt mich. Ich sehne mich nach meinem Bett.

Elly kommt aus dem Reiterstübchen.

„Schatz, wir haben gerade beschlossen, noch ein bisschen in der Landgaststätte zu feiern. Kommst du mit?“ Was blieb mir übrig?

Auf der Fahrt durch Kaiserfels merkte ich, dass diesmal keiner guckte. Der Abend verlief sehr gemütlich und angenehm und ich nickte nur zweimal kurz ein. Auf der Heimfahrt, so gegen drei Uhr morgens, als ich das achte Mal innerhalb von vierundzwanzig Stunden Kaiserfels durchquerte, war gar keiner mehr zum Gucken da.

*

Korrekte Reithaltung

„Gerade sitzen! Die Schultern zurück! Die Knie zusammen drücken! Die Fersen nach unten! Die Zehenspitzen nach innen! Die Hände locker über dem Pferdehals!“

Können Sie sich diese Körperhaltung vorstellen? Oder sie gar einnehmen? Vielleicht sogar für einige Zeit beibehalten? Dann sind Sie entweder bereits Reiter - oder geradezu dafür geboren!

Als ich diese Anweisungen die ersten paarmal hörte, war ich noch zuversichtlich sie in relativ kurzer Zeit befolgen zu können. Nach der zwölften Reitstunde bekam ich erste Zweifel, nach der neunzehnten Reitstunde konsultierte ich meinen Orthopäden.

„Nein, nein, Herr Neuhaus, mit Ihrem Körperbau ist - soweit - schon alles in Ordnung! Es dauert nur einige Zeit, bis sich Ihre Wadenbeine gestreckt, die Schienbeine etwas gekrümmt, die Außenbänder gedehnt und die Innenbänder verkürzt haben. Auch die Rückenwirbel und Bandscheiben benötigen etwas Übung und nachdrücklichen Kraftaufwand, bis sich Ihre Wirbelsäule dauerhaft von der S- in die I-Form verwandelt.

Ebenso werden Sie spüren, wie nach längerem Üben, Ihre Hände automatisch die richtige Haltung einnehmen, da ja die Gelenke sich anpassen, die Ellen aufwärts und die Speichen abwärts gebogen werden und die Mittelhandknochen sich in der Länge verändern. Dafür sind allerdings die Oberarmknochen weniger flexibel und müssen von Ihnen - bewußt und behutsam - entsprechend Ihrer Möglichkeiten trainiert werden.

Die Fußknöchel, Knie- und Ellbogengelenke dagegen, sind in ihrem natürlichen Dreh-, Klapp-, und Kippbereich sowie ihrer Belastbarkeit, ein Schwachpunkt des Reiterkörpers. Solange Sie aber die vorgegebenen Ausschläge nicht um mehr als 100% überschreiten, kann Ihnen eigentlich nichts geschehen, was wir nicht wieder reparieren könnten!

Bei den Beckenknochen haben Sie den leichten Nachteil ein Mann zu sein, da weibliche Becken, durch die breitere Bauart, sich bei der Anpassung an den jeweiligen Sattel naturgemäß leichter tun. Sie werden jedoch feststellen, dass sich dieses Handicap durch Verwendung geeigneter Sättel leicht ausgleichen läßt.

Die Rippen werden, entsprechend der rhythmischen Bewegung automatisch etwas gelockert, sodass sie dann frei mitschwingen können. Bei gut ausgebildeter Brustmuskulatur bekommt das Brustbein genügend Halt um ein Klappern zu verhindern.

Die Schädelknochen sowie Ober- und Unterkiefer bereiten erfahrungsgemäß die wenigsten Schwierigkeiten, da sie - außer mit den Hufen - kaum in Berührung mit dem Pferd kommen. Wenn Sie beim Reiten den Mund immer schön geschlossen halten, sodass die Zähne nicht allzu sehr aufeinander schlagen, ist auch nicht zu erwarten, dass sie sich lockern oder ausfallen. Wenn Sie also zu enge Helme und Sturzkappen meiden, dürfte Ihre Kopfform erhalten bleiben!

Falls Sie Auskunft über die Veränderung von Form und Lage Ihrer inneren Organe und Gefäße wünschen, fragen Sie bitte Ihren Hausarzt oder Internisten."

Pferde sind vorne und hinten gefährlich

Manchmal, wenn ein oder mehrere Pferde gemütlich irgendwo herumstehen, beim Fressen zum Beispiel oder wenn sie ein Nickerchen halten, dann erwecken sie den Eindruck, sie seien brav und lieb. Manche Menschen glauben ihnen das und begehen verhängnisvolle Fehler!

So auch Richard, der unseren Haflinger Freddy richtig ins Herz geschlossen hatte. Wann immer es seine Zeit erlaubte, ging er zu Freddys Box um ihn zu streicheln und mit ihm zu sprechen.

„Da, mein Guter! Hier hast Du was Leckeres!" sagte er und gab Freddy ein Möhrchen oder ein Stück getrocknetes Brot. Bald war die Zuneigung so groß, dass Richard und Freddy richtiggehend miteinander schmusten. Wange an Wange: „Ei-ei, mein Guter!"

Richard streichelte Freddys Hals und flüsterte ihm ins Ohr. Freddy schnaubte leise und flüsterte Richard etwas ins Ohr. So kam es, dass Richard die Freude am Pferdeschmusen und sein linkes Ohrläppchen verlor!

Auch Carmen, Kalle Komms Frauchen, die immer meinte „Mein Sesskin ist ja sooo lieb!" hatte viel Vertrauen zu ihrem Pferd. (Und Sesskin ist wirklich eines der brävsten schwarzen Pferde im Stall!) Weil Sesskin so brav war, wollte Carmen einmal ohne Sattel auf ihm reiten.

Wir brauchten eine halbe Schubkarre Schotter um das Loch, das Carmen beim Aufprall hinterlassen hat, wieder aufzufüllen und Carmen zwölf Wochen um die Gehirnerschütterung und das HWS-Trauma zu überwinden. Sie hat aber alles gut überstanden und reitet wieder.

Mit Sattel!

Jenny wollte die Hinterhufe ihrer Halla ganz sauber auskratzen und sah deshalb genau hin.

Der Chefarzt des Krankenhauses, in das ich Jenny brachte, glaubte die Geschichte nicht. Wegen des doppelten Kieferbruches oben und unten, wollte er sogar die Polizei verständigen!

Jenny kann heute wieder sprechen, hat das Reiten aufgegeben und geheiratet.

Gudrun wollte bei der Aufstellung zum St.Georgs-Ritt schräg hinter Elly reiten. Sie hatte dabei nur vergessen, dass Pedro, ihr Wallach, Ellys Solaire einen Tag vorher auf der Koppel geärgert hatte. Die Polizei wollte der Chefarzt diesmal nicht mehr rufen, weil er sich noch an mich erinnerte. Für ihren Stiefel, der ihr im Krankenhaus vom Fuß geschnitten wurde und den Knöcheltrümmerbruch, bekam Gudrun von der Haftpflichtversicherung viel Geld und vom Krankenhaus einen Gips.

Gudrun reitet wieder. Aber nicht mehr bei uns.

Bevor Carmen ein eigenes Pferd hatte, ritt sie als Reitbeteiligung auf Silkes Rubikon. Als beide einmal gleichzeitig im Stall waren, kam ihnen die Idee, zu zweit auf Rubikon zu reiten.

Sie halfen sich gegenseitig auf den ungesattelten Pferderücken und ritten los. Zehn Meter vor dem Tor rutschte Silke links und Carmen rechts vom Pferd. Silke stürzte auf den Kopf, stand auf, kam ins Reiterstübchen, sah mich, sagte: „Hallo, wer bist du denn?“ und sank zu

Boden.

Silkes Verwirrung dauerte noch einige Zeit an. Sie träumt heute von einer Turnierkarriere!

Ich führte Thora (1 Jahr, Stute und sehr ruhig) im Laufschritt von der Koppel zum Stall.

Auf dem Schotterweg muss ich wohl einen hervorstehenden Stein übersehen haben oder über meine eigenen Füße gestolpert sein. Nach ungefähr drei Metern Flug landete ich bäuchlings vor Thora, die (wie mir die Zuschauer später erzählten) elegant über mich hinweg setzte und zu ihrer Box lief. Zwei angebrochene Rippen, Hautabschürfungen und zehn Wochen Schmerzen beim Atmen und Bewegen waren der Erfolg.

Ich führe Pferde - wenn überhaupt - nur noch im Schritt!

Aus dieser kleinen Aufzählung ist deutlich zu ersehen, dass der Umgang mit Pferden nicht unbeträchtliche Risiken birgt. Selbstverständlich wäre es äußerst unfair und anatomisch schwierig, die Schuld daran den Pferden in die Schuhe, sprich Hufe, zu schieben. Pferde sind nun einmal Pferde. Und so verhalten sie sich in den meisten Fällen auch!

Deshalb sollte jeder, der mit Pferden in Kontakt kommt, die Grundregeln unfallverhütenden Verhaltens kennen. Da diese Grundregeln nirgendwo gelehrt werden, habe ich sie - aus Erfahrung gewonnen - zusammengefasst:

1. **Halte dich von Pferden fern!**

(Bester Schutz vor Pferdeunfällen!)

2. Ist das nicht möglich - nähere dich einem Pferd

äußerst behutsam!

(Achte auf die Ohrenstellung, die Fuß- und Hufhaltung und wieviel Weißes im Auge sichtbar ist!)

3. Verwende immer Schutzkleidung und Sicherheitsausrüstung!

(Stiefel mit Stahlkappe, Schienbeinschoner, Integralhelm)

4. Vermeide lautes Geschrei und aufgeregtes Herumspringen!

(Zumindest vor dem Biss oder Tritt!)

5. Halte dich von Pferden fern!

(Gilt nicht beim Reiten - da solltest du so nah wie möglich beim Pferd bleiben!)

6. Nähere dich einem Pferd niemals von hinten!

(Seine Beine sind länger als du denkst.)

7. Benutze zum Reiten Metallhosen und Magnetsattel!

(Oder Sekundenkleber. Niemals Schrauben und Dübel verwenden!)

8. Benutze zum Aufsteigen Steigeisen oder -bügel!

(Kran oder Seilwinde nur bei Anwendung von Regel Nr.7!)

9. Was immer auch geschieht, bewahre RUHE!

(wenn du im Steigbügel hängenbleibst und laut schreist, wird das Pferd nur noch schneller!)

10. Halte dich von Pferden fern!

(Gilt auch für deine Familie, Freunde, usw.)

Wenn Sie sich immer, überall und jederzeit an diese einfachen Regeln (besonders Nr. 1, 5 und 10) halten, haben Sie vielleicht die Chance ohne größere Blessuren davonzukommen!

Rein statistisch gesehen, ergibt sich folgende Quote in unserem Stall:

Jährlich ca. 1300 Reitstunden x 13 Jahre = 16900 Reitstunden : 11 behandlungsbedürftige Unfälle = 1 behandlungsbedürftiger Unfall pro 1536,4 Reitstunden.

Führen Sie deshalb genau Buch über Ihre Reitstunden und setzen Sie für die 1536ste Stunde Ihre Reitbeteiligung aufs Pferd!

Sollten Sie es jetzt immer noch nicht lassen können, sich mit Pferden abzugeben, beherzigen Sie bitte, bitte, wenigstens folgendes:

Glauben Sie nie, nirgends, und auf keinen Fall, dass ein Pferd weiß, was Sie von ihm wollen und freiwillig bereit ist, das auch zu tun!

Pferde haben einen eigenen Kopf! Und der ist viel größer als Ihrer!

*

Westernreiten

Westernreiter sind romantische Leute, denen das Lied vom 'Lonesome-Rider' im Herzen klingt, während sie unbeirrbar Richtung Sonnenuntergang reiten. Uns klingt das Geschrei unseres unromantischen Nachbarn in den Ohren, über dessen Wiese mal wieder geritten wurde.

Ein echter Westmann läßt sich jedoch von solchen Kleinigkeiten nicht von seinem Trail abbringen. Schließlich wurde Amerika auch nicht von Waschlappen, sondern von harten, zielstrebigen Kerlen zivilisiert!

Zielstrebigkeit, Durchsetzungsvermögen und der eiserne Wille seinen Weg zu machen, sind auch unumgängliche Voraussetzungen für die Westernreitausbildung. Schon zu Beginn des Trainings scheidet sich die Spreu vom Weizen. Nur wer in der Lage ist, in kürzester Zeit Englisch zu lernen, kann Westernreiter werden. Es wäre ja auch zu komisch, mit Cowboyhut und Boots, Chaps und Weste bekleidet, ein Pferd mit Kommandos wie „Hü!" oder „Steh!" oder gar „Brrr!" zu dirigieren!

So lernt der angehende Cowboy Commands like „Go!" and „Stand!" or „Whoa!" Bei den ersten praktischen Übungen runden Ausrufe wie „dammned!" and „hell!" or „shit!" das Vokabular ab.

Der nächste Schritt ist die Erkenntnis, dass 'the saddle' größer und auch wesentlich schwerer ist, als ein gebräuchlicher Freizeitsattel. Dafür ist die Lehne etwas höher, die Sitzfläche breiter und vorne hat er einen großen, runden Haltebolzen, 'the horn'. Die Sitzfläche ist deshalb so breit, weil beim Westernreiten nicht zwischen

Herren- und Damensitz unterschieden wird und auch Mädchen und Frauen bequem sitzen können sollen.

Das Sattelhorn hat nichts mit dem Geschlecht des Reiters zu tun! Es dient zur Befestigung des Lassos, auch 'the rope' genannt. Das Lasso besteht aus geflochtenen Lederriemen, Hanffäden oder Kunstfasern. Der Cowboy wirft damit nach Kühen, Kälbern oder entlaufenen Verbrechern und Ehefrauen. Wenn es richtig geworfen wird bildet sich an einem Ende eine Schlinge, die über das Opfer fällt. An dem anderen Ende - das festgehalten wurde - muss nun kräftig gezogen werden damit sich die Schlinge schließt. Dann wird es um das Sattelhorn geschlungen.

Hinter der Sitzfläche des Sattels sind Riemen angebracht, mit denen die Deckenrolle und die Satteltaschen festgeschnallt werden. An den beiden Seiten hängen die Steigbügel herunter. Sie sind an breiten, doppelt gelegten Lederbändern befestigt und wesentlich trittfester als beim Englischsattel.

Wie bereits erwähnt, ist der Westernsattel sehr schwer. Deshalb sind 'Quarterhorses' auch viel kürzer als normale Pferde, damit sie sich nicht so leicht durchbiegen. Quarterhorses haben ihren Namen von der Viertelmeile. Auf diese Distanz sind sie sehr schnell, danach sind sie müde.

Solche Pferde eignen sich natürlich bestens als Schulpferde. Sie vermitteln dem Anfänger das richtige Gefühl für entspannte Haltung und Gelassenheit. Selbstverständlich können auch Pferde anderer Rassen zum Westernreiten verwendet werden. Sie müssen nur genauso schläfrig dastehen können.

Um das zu erreichen lernt der Westernreiter die Kopf- und Halshaltung des Pferdes konsequent und beständig zu korrigieren. Selbst bei etwas schnelleren Gangarten, zum Beispiel 'Jog' oder 'Lope' soll der Hals gestreckt und der Kopf tief bleiben. Das hat den Vorteil, dass sich ein Pferd beim Ausritt im Wald, den Kopf nicht so leicht an tiefhängenden Ästen anstößt!

Die nächste Lektion erfordert körperliche Fitness und einen stabilen Magen des Reiters: 'Spins' - Drehungen auf der Hinterhand. Diese Übung erleichtert das platzsparende Wenden auf engem Raum und das Überblicken des 'Round-Pen' von der Mitte aus.

Unmittelbar daran anschließend folgt der 'Sliding-Stop', der von Jim Beam erfunden wurde, als er eines Samstagabends schnell in den Saloon wollte und den Bremsweg seines Pferdes zu kurz einschätzte. Um nicht in die Anbindestange zu krachen, ließ er sein Pferd mit weit vorgestreckten Hinterbeinen über die Straße schlittern.

Dieses Manöver sollte nicht vor deutschen Wirtshäusern versucht werden, da die Straßen hierzulande einen zu harten Belag aufweisen!

Zum Abschluß seiner Ausbildung bekommt der Newcomer noch einen Ausblick auf die faszinierenden Möglichkeiten des Westernreitsportes. Ihm werden Vorführungen im 'Reining', 'Pole-Bending', 'Pleasure', 'Trail' und vielen weiteren Prüfungen geboten. Um daran teilnehmen zu können muss er jedoch erst einmal eine gewisse Meisterschaft im 'Western-Horsemanship' erlangen und fleißig üben!

Wie kam der Mensch auf's Pferd?

Irgendwann, vor vielen, vielen Jahren, als unsere Vorfahren in Horden die Wälder und Steppen der Vorzeit durchstreiften, lebte unter ihnen ein Genie. Wie wir heute wissen, ist ein Genie ein Mensch, der schlaues Zeug daherredet und von den meisten seiner Mitmenschen nicht verstanden wird. Deshalb führen die meisten Genies auch heute noch - notgedrungen - Selbstgespräche!

Dieses Genie saß also eines Abends mit seiner Horde um das Lagerfeuer. Die Bäuche waren gefüllt mit leckerem Braten und frischen Kräutern, der Hunger gestillt und die Gedanken schweiften umher. Wie auch heutzutage unter Jägern üblich, wurde der Verlauf der letzten Jagd noch einmal ausgiebig besprochen. Wir wissen leider nicht in welcher Sprache sich die damaligen Waidmänner unterhielten, doch dürfte es sich um eine frühe Form des Lateinischen gehandelt haben, wahrscheinlich um Jägerlatein. Die folgende Unterhaltung wurde also relativ frei übersetzt, jedoch im Wesentlichen korrekt wiedergegeben.

1. Sprecher: „Weit laufen müssen, heute?“

2. Sprecher: „Fünf mal zwei Hände Speerwürfe weit!“

1.: „Bo, Eh!“

2.: „Hmm.“

Hier stockte das Gespräch kurz, da Sprecher eins laut rülpste und der Anstand gebot, ihn aussprechen zu lassen.

1.: „Viel erlegt heute!“

2.: „Klar! Die neue Methode funktioniert toll!“

Hier entstand wieder eine Pause in der Unterhaltung, weil sich alle dem Genie zuwandten und freundlich zu ihm hinüber nickten. Er hatte nämlich vor kurzem eine tolle Idee, wie die Jagd auf große Tiere einfacher gemacht werden konnte. Bis dahin waren die Jagden oft sehr gefährlich, weil die Opfer frontal angegangen und dann, mittels eines Speeres oder einer im Feuer gehärteten Stange, aufgespießt werden mussten. Von hinten oder der Seite anzugreifen hatte wenig Sinn, da die großen Tiere allesamt schneller weglaufen konnten als die Jäger hinterher.

So war er auf die Idee mit der kleinen, engen Schlucht gekommen. Er hatte einmal beobachtet wie eine Gruppe von Großtieren durch die Schlucht gelaufen war. In der Mitte der Schlucht, an ihrer engsten Stelle, konnte jeweils nur ein Tier nebeneinander laufen, sodass alle hintereinander gehen mussten.

Dabei waren sie auch wesentlich langsamer geworden. Deshalb hatten sich alle Jäger an den Rändern der Schlucht versteckt und dann, als die Tiere unter ihnen durchliefen, mit Steinen nach ihnen geworfen. Der Erfolg war jedoch eher gering. Die meisten Steine flogen vorbei. Und wenn doch einmal einer traf, schüttelte sich das Tier und lief weiter.

Nur noch wenige Tiere waren vor der Schlucht und das Genie wurde immer wütender, weil sein Plan nicht so recht funktionierte. Voller Zorn stand er am Rand der Schlucht und schüttelte einen spitzen Stein in der erhobenen Hand! Er schrie seine Wut hinaus und hüpfte auf der Stelle! Da brach unter ihm ein Brocken aus dem felsigen Untergrund und er fiel in die Schlucht. Der Länge nach kam er auf dem Rücken eines der großen Tiere zu liegen. Seine Beine rutschten links und rechts an den Flanken hinab und ehe er sich´s versah, saß er halb auf dem Tier.

In seiner Angst begann er schreiend mit dem Stein auf den Kopf des Tieres einzuschlagen. Mit der freien Hand krallte er sich in dem langen zottigen Fell fest. Mehrmals schlug er sich auf seine Hand, weil das Tier bockte und raste um ihn abzuwerfen. Schließlich wurden die Bewegungen seines Opfers langsamer. Immer noch hieb er auf den Kopf des Tieres ein, bis es schließlich zusammenbrach. Schwer atmend lief er einige Schritte zur Seite, wo auch er zu Boden sank.

Der Rest der Herde war bereits vorüber als seine Jagdkollegen bei ihm eintrafen. Das Tier war, mit ihm auf dem Rücken, eine ziemliche Strecke weit gelaufen, bevor es verendete. Aufgeregt wurde die Situation begutachtet und die Beute schließlich Richtung Lager transportiert.

Bei ihrer Ankunft dort, sprach sich das Geschehen schnell herum und er wurde als der Held des Tages ausgiebig gefeiert. Seine Methode wurde beibehalten und weiterentwickelt.

1.: „Ja, ja. Die neue Methode!“

2.: „Hmm.“

1.: „Toll!“

Da Jagen und Essen müde machen, dürfte an dieser Stelle die Unterhaltung und die sie führten langsam eingeschlafen sein.

Mit der neuen Jagdmethode waren die Sorgen um genügend Fleisch zwar behoben, aber trotzdem waren oft noch weite Wege zurückzulegen um die Tiere zu finden und sie dann zum Lager zu bringen.

Eines Tages, als er wieder einmal, unter der Last eines großen Fleischbrockens, stöhnend Richtung Lager ging, sprach Genie zu sich selbst:

„Das ist schon komisch! Erst trägt das Tier mich - dann trage ich das Tier!“

Er antwortete: „Ja, und ich trage das Tier auch noch viel weiter, als es mich trägt!“

„Woran“ fragte er sich „liegt das bloß?“

Er ließ den Ablauf der Jagd noch einmal vor seinem inneren Auge Revue passieren.

„Ah! Klar!“ meinte er „Solange das Tier mich trägt, lebt es ja noch!“

„Genau!“ antwortete er sich „Wenn es dann tot ist, muss ich es tragen.“

Er spürte richtig, wie ihm ein neuer Geistesblitz im Kopf entstand!

„Was wäre wenn ich es erst später totmache?“ fragte er sich und sofort kam die Antwort: „Dann würde es mich länger und näher ans Lager tragen müssen!“

Nun, auch Genies irren manchmal! Das wurde ihm bald klar, als er versuchte sein Vorhaben in die Tat umzusetzen. Sicher, das Tier trug ihn nun wesentlich länger. Aber näher zum Lager? Das Tier lief einfach in irgend eine Richtung - natürlich in die falsche - und jetzt war der

Weg den er es tragen musste um so weiter!

Lange Zeit beschäftigte er sich mit diesem Problem. Währenddessen ging das Leben der Vorzeit weiter. Es wurde gelebt, gejagt, sich fortgepflanzt und auch gestorben. Vor allem auf der Jagd! Doch da das damals normal war - oder zumindest so empfunden wurde - wollen wir hier nicht näher darauf eingehen. Schließlich interessieren uns ja die Ereignisse, die die Welt und das Leben veränderten.

Wir wissen nicht, ob es noch dasselbe Genie war oder ein Nachfolger, der das Problem schließlich löste. Jedenfalls schoß ihm eines Tages ein Bild durch den Kopf:

Viele Jäger im Halbkreis versammelt, treiben eine Herde von Tieren zu der kleinen Schlucht. Gut - das machten sie schon lange so.

„Wenn nun aber hinter der Schlucht auch Jäger stehen und eine Gasse in Richtung Lager bilden?“ fragte sich Genie und kratzte sich am Kopf.

„Dann müßten doch die Tiere dorthin laufen, oder?“

Gesagt, getan! Bei der nächsten Jagd wurden einige Leute mit Fackeln, in Zweierreihen postiert um die Beute Richtung Lager zu leiten. Als die Kavalkade der Tiere durch die Schlucht stob, sprang Genie!

Er kam auch richtig zu sitzen und hielt sich fest. Mittlerweile hatte er sich an das Gefühl gewöhnt und es machte ihm nichts mehr aus, geschüttelt und herum gestoßen zu werden. Links und rechts seines Weges sah er die Fackeln seiner Kameraden leuchten, die in größeren

Abständen postiert waren. Immer wieder versuchte das Tier unter ihm zur Seite auszubrechen, immer wieder wurde es von funkensprühenden Fackeln daran gehindert und in die richtige Bahn gelenkt.

Das Lager kam schnell näher. Genie begann mit seinem Stein auf den Kopf des Tieres einzuschlagen. Mit einer Hand in das Fell verkrallt, hieb er mit der anderen zu. Das Tier schüttelte sich und zackte hin und her! Es bockte und warf den Hinterleib in die Höhe und gleich darauf sprang es zur Seite. Genie wurde fast abgeworfen und ließ den Stein los um sich mit beiden Händen festzuhalten.

„Oh, Götter der Jagd! Was nun?“ schoß es ihm durch den Kopf.

„Festhalten! Um unseret- und deinetwillen - halt dich fest!“ antwortete die Stimme der Götter in seinem Geist.

Genie beschloß dem Ratschlag zu folgen!

Eng klammerte er sich an den Rücken des Tieres, das in diesem Moment im rasenden Galopp durch das Lager fegte. Der Lärm und das Geschrei seiner Jagdkollegen verblasste hinter ihm. Da es nun nicht mehr ständig auf den Kopf geschlagen wurde, sprang das Tier auch nicht mehr so wild umher, sondern lief geradeaus durch den Wald.

Genie hörte den Wind in seinen Ohren rauschen und hoffte auf ein gutes Ende. Doch sosehr er sein Hirn auch zermarterte - diesmal wollte und wollte ihm keine Idee kommen. Also tat er das, was er bisher getan hatte - er hielt sich fest!

Äste und Zweige peitschten seinen Körper und der

Schaum vom Maul des Tieres näßte seine Beine. Weiter und weiter weg vom Lager ging der Höllenritt! Vor sich erkannte er den Rand des Waldes, die dahinter liegende große Grasebene und - noch weiter am Horizont - die Berge.

Im Lager versammelten sich inzwischen seine Leute. Einer nach dem anderen trafen die letzten Nachzügler ein. In der Aufregung war es keinem gelungen ein Tier zu erbeuten. Die Herde hatte sich mittlerweile in alle Winde zerstreut.

Als der letzte eintraf, der den Ablauf der Geschehnisse ja nicht verfolgen konnte, fragte er: „Wo ist denn Genie?“

„Dort entlang“, antwortete der Häuptling und wies in Richtung Berge „mit unserem Essen!“

Stille machte sich im Lager breit und erst jetzt erkannten sie die Zerstörung, die von dem rasenden Tier auf seinem Weg angerichtet worden war. Der Häuptling suchte die vier schnellsten Läufer des Stammes aus.

„Ihr folgt der Spur und findet Genie!“ befahl er. „Der Rest räumt hier auf!“

Genie hatte inzwischen die Grasebene zur Hälfte überquert und merkte, dass die Geschwindigkeit langsam nachließ. Ab und zu stolperte das Tier und warf zornig seinen Kopf hoch! Irgendwie musste es von den Steinschlägen doch verletzt worden sein. Nach einiger Zeit blieb es schließlich am Fuß der Berge zitternd, schwitzend und völlig entkräftet stehen.

Eigentlich wollte Genie ja nichts lieber als herabspringen und zu seinem Stamm zurücklaufen, aber durch die Anstrengung hatten sich seine Muskeln so verkrampft, dass er seine Beine und Arme nicht aus der Umklammerung lösen konnte! Er werkelte mit seinen Gliedmaßen hin und her.

Plötzlich bemerkte er, dass das Tier auf seine Bewegungen reagierte. Wenn er die Beine ganz eng an den Bauch und die Ferse in die Flanke des Tieres drückte, machte es ein, zwei Schritte nach vorn. Dann blieb es keuchend wieder stehen. Er staunte! Wieder und wieder machte er den Versuch und jedes Mal reagierte das Tier. Es war, als wollte es vor der Last auf seinem Rücken weglaufen!

Genie dachte angestrengt nach. In der Zwischenzeit erholte sich das Tier und begann unruhig zu werden und zu tänzeln.

„Wenn ich es nur dazu bringen könnte in die Richtung zu laufen, in die ich will“, dachte Genie „dann könnte es mich den ganzen Weg zurücktragen und ich müßte nicht so weit laufen!“

Er wußte, dass Tiere immer in die Richtung laufen, in die sie schauen. Es müßte doch....!

Er packte den Kopf des Tieres fest bei den Ohren und drehte mit aller Kraft. Es schnaubte und erschrak so sehr, dass es wieder loslief. Genie zog und zerrte am Kopf. Und wirklich - als er einigermaßen in Richtung Wald zeigte, lief das Tier auch dorthin!

„Heijjjaa!“ rief Genie voller Freude. Die Gangart war in kurzen Schritt übergegangen und wurde noch langsamer. Das Tier war jetzt wirklich am Ende seiner Kraft.

Inzwischen waren die vier, die seiner Spur gefolgt waren, aus dem Wald getreten und hatten Genie erblickt. Voller Erstaunen, sahen sie ihn auf dem Tier sitzen und es in verschiedene Richtungen lenken.

Sie liefen zu ihm und gafften! Bevor sie irgend etwas sagen oder tun konnten, knickte das Tier in den Vorderbeinen ein und brach zusammen.

„Schade!“, sagte Genie „ Jetzt müssen wir unser Essen wieder soweit tragen. Aber beim nächsten Mal....!“

*

Pferdenamen

Jedes Pferd braucht einen Namen damit der Besitzer weiß, wie er es rufen, und das Pferd, wann es kommen soll.

In früherer Zeit, als Pferde noch täglich acht Stunden für ihren Besitzer arbeiten mussten, wählte man kurze, einprägsame Namen wie Max oder Fritz. Heute, wo der Besitzer acht Stunden täglich für sein Pferd arbeitet, muss es schon etwas ausgefallener sein!

'Steppenadler' oder 'Balladier', 'Südwind' und 'Schneeflocke' sind nur einige Beispiele moderner Namengebung.

Weil die Anzahl der Pferde in unserem Land ständig wächst, wird es immer schwieriger passende Namen zu finden.

„Roland, was hältst du von 'Stacheldraht'?“ fragte mich

Uli, als sie auf der Namensuche für ihr neues Pferd war.

„Na, ja!“ antwortete ich „Es sieht zwar so aus, aber ich weiß nicht...“

„Oder vielleicht 'Windschatten'? 'Sturmwind' wäre auch ganz nett!“ meinte Uli und ging hinaus in den Stall, um beim Betrachten ihres Pferdes neue Ideen zu bekommen.

Nach einiger Zeit kam sie wieder ins Reiterstübchen und verkündete freudestrahlend:

„Ich hab`s! Er heißt 'Don el Viento'!“

Alle waren still. Elfi fragte: „Was bedeutet denn das?“

„Das ist spanisch und heißt auf deutsch: Herr der Winde!“ rief Uli.

„Oh! Pfurzer!“ entfuhr es mir, völlig ungewollt!

Gelächter! Nur Uli fand meine Bemerkung nicht so lustig und war etwas sauer. Sie blieb fest bei ihrer Namenwahl und fügte noch ein 'Attacheé' hinzu, das sie aber nicht mehr übersetzte.

So heißt ihr Pferd jetzt mit vollem Namen 'Don el Viento Attacheé' und wird von allen nur 'Winnie' gerufen!

Susi, mit zehn Jahren die jüngste Pferdebesitzerin unseres Stalles, brauchte dringend einen Namen für ihr Pony, das sie zu Weihnachten von ihrer Mutter geschenkt bekommen hatte. Sie fragte alle möglichen Leute, doch kein Vorschlag gefiel ihr. Am nächsten Tag hatte sie selbst den Namen gefunden.

„Mein Pony heißt 'Rasbudin Lafferov'!“ rief sie schon von weitem, als sie auf den Stall zulief.

„Woher hast du denn diesen Namen?“, fragte Elly.

„Na, aus dem Lied!“ antwortete Susi noch ganz außer Atem, rannte zur Box ihres Ponys und rief: „Aus dem Lied: Ra-Ra-Rasbudin Lafferov deraschen Kwien...“

*

Romantik und Romanzen

Ein Buch über Pferde und was man so mit ihnen erleben kann, wäre unvollständig, wenn nicht wenigstens ein Kapitel dem Flair eines Reiterhofes gewidmet wäre.

Besonders jetzt, im Frühjahr, wo alle Sträucher und Büsche treiben, die Bäume ausschlagen und das Blut schneller durch die Adern rinnt, spürt man deutlich den Hauch des Lebens, der über dem Hof schwebt.

Millionen Mücken genießen den Duft des gut abgelagerten Wintermistes und treiben ihre neckischen Liebesspielchen. Fröhlich pfeifend schießen bunte Vögel durch die Luft. Die Katzen sitzen in der wärmenden Sonne und putzen ihr Fell. Die Pferde wälzen sich auf der Koppel und schnauben wohlig.

Die Arbeit geht wieder leichter von der Hand und die Winterstarre verschwindet aus den Gliedern. Die ersten Blumen beginnen zu knospen, Käfer zu krabbeln und die Mädchen schöner auszusehen! Immer grüner wird das Gras der Weiden, saftiger und fetter! Auf den Äckern zieht die Sonne die ersten Halme aus dem Boden und die

Bauern vom Wirtshaus aufs Feld.

Mitten in der freien Natur gelegen, wird diese Stimmung auf unserem Hof besonders intensiv wahr genommen, und nicht jeder kann ihr widerstehen.

Carmen, die außer ihrem Temperament noch über eine beachtliche Intelligenz und viel Witz verfügt, scheint ihr Herz (oder ihren Verstand) auch verloren zu haben. Ausgerechnet mit Olli lag sie eines mittags während der Ruhezeit auf der Eckbank! Kopf an Kopf! Da Carmen etwas kleiner ist als Olli, hatte sie sich die kürzere Seite der Eckbank zum Ausruhen gewählt. Olli lag auf der längeren.

Als ich die Tür zum Reiterstübchen öffnete hoben sie die Köpfe und sahen mich an. Auf meine Standardfrage:

„Was macht ihr zwei denn da?“

grinsten sie nur und Olli meinte: „Schlafen!“

Irgendwie bin ich ja ein gutgläubiger Mensch - aber warum lagen dann beide auf dem Bauch? Und warum hörte ich, als ich jetzt vor der Tür stehenblieb, so ein Kichern und Schmatzen? Weil ich jedoch weiß, was sich gehört, ging ich nicht mehr zurück, sondern in den Stall.

Nun sind diese beiden nicht das einzige Pärchen, das sich in unserem Stall gefunden hat.

Als ich kürzlich den Heuboden unserer Scheune untersuchte - ob sich während des Winters etwa Dachziegeln gelockert hätten - fand ich Mona und Ottfried auf einem Strohhaufen liegend.

Beide waren in ihr Tun so vertieft, dass sie mich nicht

bemerkten. Das Licht war ziemlich diffus und dämmerig und ich konnte nicht genau erkennen, was da vor sich ging.

Monas Arme wühlten im Stroh. Ich wollte mich schon diskret zurückziehen, als Mona plötzlich stöhnte und rief:

„Nein! So ein Mist!“

Ottfried schnaubte: „Dann muss es noch tiefer sein!“ und schob sich weiter nach oben. Mona wühlte immer stärker und Ottfried begann es ihr gleichzutun!

„Pass doch auf!“ schnauzte Mona ihn an „Du tust mir ja weh!“

Als Hausherr musste ich nun einschreiten! Ich ging näher und fragte:

„He, ihr zwei! Was macht ihr denn da?“

„Huch! Roland! Hast du mich erschreckt!“ rief Mona und rutschte den Strohhaufen hinab. Ottfried folgte ihr. Beide waren vollständig bekleidet und über und über mit Stroh behangen. Mona schüttelte ihr langes blondes Haar aus.

„Ich habe beim Strohaufschlichten meine Haarspange verloren. Die suchen wir jetzt!“

Irgendwie schämte ich mich ein bisschen für den Verdacht, den ich gehegt hatte.

„Na, hoffentlich findet ihr sie in dem Riesenhaufen wieder!“

Ich ging ins Reiterstübchen hinunter und erzählte Elly die Geschichte.

„Ah, schon wieder?“, fragte sie, „Das ist in dieser Woche schon das dritte Mal!“

Und so geht es Jahr für Jahr! Sie finden sich und verlieren sich wieder. Aber eines bleibt doch beständig, was auch geschieht:

Alle lieben die Pferde!

Ich liebe meine Ruhe und ein kühles Bierchen!

Und Elly liebt mich!

*

Zum Abschied

In unserem Reiterstübchen wird oft und viel gelacht. Meistens über mich!

Ganz egal, ob ich gerade eine Geschichte aus meiner Jugend erzähle oder die Ergebnisse meines letzten Intelligenztests bekanntgebe. Auch wenn ich wieder einmal - knapp am Tode vorbei - vor ein Pferd gefallen oder auf einer Eisplatte ausgerutscht bin und mich auf mein Hinterteil gesetzt habe - einen Lacher bringt das immer. Statt mir dann aufzuhelfen und nach meinem Befinden zu fragen, halten sich manche die Bäuche vor Lachen und haben Tränen in den Augen!

Besonders Carmen und Uli tun sich dabei hervor. Carmen aus lauter Freude an der Situation und Uli lacht, weil es so lustig ist. Wenn ich manchmal in den Stall komme und „Hallo, Uli!“ sage, bricht sie in Gelächter aus!

Zuerst war ich immer sehr unsicher; fragte mich, ob mit mir etwas nicht in Ordnung sei. Aber eine hastige Überprüfung ergab nichts. Das Hosentürchen war geschlossen, die Haare gekämmt, das Hemd steckte in der Hose und Schuhe trug ich auch! Mittlerweile weiß ich, dass Uli lacht, weil sie es so lustig findet. Das Lachen! Sie lacht gern, viel und über jeden.

Da nach allgemeiner Überzeugung auf dieser Welt sowieso viel zuwenig gelacht wird, nehme ich es ihr auch nicht mehr krumm. Lieber Anlass eines Lachers sein, als der Anlass eines Wutausbruchs. Uli kann sehr wütend werden! In ihrer Wut ist sie dann so komisch, dass ich lachen muss. Und weil sie lachen so lustig findet, lacht sie gleich wieder mit. Ist sie einmal nicht im Stall, lachen wir anderen über Uli!

Sollten auch Sie über Uli, Carmen, uns und unsere Pferde, gelacht oder wenigstens gelächelt haben, wäre das sehr schön!

Wenn Sie jedoch nicht einmal darüber schmunzeln konnten, dann kaufen Sie bloß keines meiner anderen Bücher - die sind alle so!

Mit einem Lächeln im Herzen,

Ihr sehr ergebener

Roland Neuhaus